股权激励
你不会做
——新时代
股权激励教科书

刘建刚 李建辉 邵铁健 张宏强 马 伟 谭开强 ◎ 著

分阶段、分对象、分模式

全方位构建股权激励整体解决方案!

团结出版社
UNITY PRESS

图书在版编目（CIP）数据

股权激励你不会做 / 刘建刚等著. -- 北京 : 团结
出版社, 2018.8
　　ISBN 978-7-5126-6589-7

　　Ⅰ. ①股… Ⅱ. ①刘… Ⅲ. ①股权激励—研究 Ⅳ.
①F272.923

中国版本图书馆CIP数据核字（2018）第204466号

股权激励你不会做

刘建刚　李建辉　邵铁健　张宏强　马　伟　谭开强　著

特约策划：润商文化　陈　润
责任编辑：郑　纪
出　　版：团结出版社
　　　　　　（北京市东城区东皇城根南街84号　邮编：100006）
电　　话：（010）65228880
发　　行：（010）51393396
网　　址：http://www.tjpress.com
E - mail：65244790@163.com
经　　销：全国新华书店
印　　刷：三河市华东印刷有限公司

开　　本：170×240　1/16
印　　张：16
字　　数：200千字
版　　次：2018年11月第1版
印　　次：2018年11月第1次印刷

书　　号：978-7-5126-6589-7
定　　价：60.00元

专家团简介

前海股权事务所、中力知识科技专家团：

刘建刚	李建辉	邵铁健	张宏强	马 伟	谭开强	宋卫华
许亚梅	胡克华	赵曼廷	杨 宇	黄俊铖	曾 波	石生仑
许亚红	涂国志	马福臣	吴开权	覃恩侨	张铭焯	刘九章

中国股权激励实战咨询及培训辅导领先团队，研发专利 30 余项，完成多项国家相关课题研究，深度服务过数百家上市公司、新三板企业、国有企业，数千家拟上市公司和成长型企业。

团队坚持独立思考和自主创新，研发了现代企业商业运营核心知识体系，拥有多项知识产权。产品和服务涉及商业决策与创新、产业升级、公司治理、股权架构与控制权设计、股权激励、合伙人机制、股份改制、股权融资、并购重组、上市规划、市值管理与股权价值发展等顶层设计与股权运营领域。还包括企业家精神、企业文化、领导力建设、赋能型绩效、人力资本发展、企业传承、新生代企业家训练、科技创新服务等板块。

赋能用户，引领行业

这是产业大革命时代，新技术、新产业、新模式、新业态呼啸而来，人类从未有过如此壮怀激烈的产业迭代史，层出不穷的产业英雄创造了一个又一个充满想象力的商业故事，引领最前沿的产业风潮。

这轮产业风潮是前所未有的大融合，产业边界日渐模糊，企业成长逻辑发生深刻变化，商业的成功很难是单个要素的推动，技术、模式、资本、运营等元素的有效融合，才可能跑出一个有价值的商业体。这些融合已经不能依靠生产要素和其他资源，对人的依赖成为绝对，人的知识和能力已然是企业最核心的资产，我们真正进入了人力资本时代。越来越多的行业，人的知识和能力同样成为了最核心的生产要素，如何在公司制下实现最大程度的人合，就成了这些行业企业的痛点。这个因素，是当下中国企业实施股权激励的最主要原因，所谓委托代理制对股权激励机制的推动，反而不是最现实的理由。

在这个大环境下，越来越多的企业有了实施股权激励的紧迫性和积极性，但环顾目前导入了股权激励机制的企业，效果欠佳者不在少数。市面上关于股权激励的书籍亦汗牛充栋，概念满天飞舞，基本大同小异，程式化、套路化严重，对企业个性化指导性和实战性差。业界真正需要一套具备独立思考体系，应用性广、实践性强的股权激励专业书籍，来帮助从业人员及企业推动股权激励有效实施。

　　在这样的背景和使命驱动下，《股权激励三部曲》终于问世了。丛书思考了三大核心问题：究竟什么样的企业适合做股权激励？为什么有些企业股权激励做得不成功？股权激励在这个新时代究竟怎么做才能发挥最大效用？从《股权激励你不能做》到《股权激励你不会做》到《基于顶层设计的股权激励》分别给出了很好的答案。特别是《基于顶层设计的股权激励》这套知识体系，我们提出了国内首创的股权激励系统逻辑和模型工具，形成了创新的方法论，获得了多项知识产权。

　　感谢前海股权事务所、中力知识科技诸君的情怀和付出，在繁忙的讲课和咨询工作之余，完成了股权激励三部曲丛书的写作，这是我们集体智慧的结晶，更是我们数年来实践经验和成功案例的一次提炼和总结。感谢我们客户长期对中力的信赖，放心把股权激励项目交给我们咨询实施，为这套丛书积累了宝贵的素材。

　　希望这套从实战中来，凝聚二十余位股权激励权威咨询专家心血的丛书能够对企业实施股权激励，对从业人员学习股权激励起到一定作用。虽几易其稿，依然难求完美，商榷之处请有识之士不吝交流。

刘建刚

深圳中力知识科技有限公司董事长

前海股权事务所／中国合伙人研究中心创始人

全国中小企业商业与股权研究中心执行主任

2018 年 10 月 27 日晨 5 点

股权激励真功夫

每当有新公司上市，最吸引公众眼球的莫过于一个个令人瞠目结舌的一夜暴富神话，普通员工身家直接暴涨上百倍、上千倍，而且越是草根的员工，受关注度越高。

2018 年 7 月，小米在港交所上市，就有媒体报道：在小米早期的创业团队中唯一的一名女性员工管颖智，当年她从父母那里借来 10 万元嫁妆钱投资了小米，上市后摇身一变已成为千万富翁。

2018 年 2 月，养元饮品成功在 A 股上市，按上市当日股价计算，该公司一名仓库管理员的身家高达 9750 万元。事实上，该仓库管理员早在 13 年前公司成立时，只出资 1 万元认购了公司股份。如今 13 年过去了，他投入的 1 万元已溢价 9000 多倍。

人们对上市公司员工身家暴涨津津乐道的背后，是股权激励制度在中国的迅速蹿红。2017 年，在 A 股上市公司中，共有 396 家公司公告了 407 个股权激励计划，比 2016 年增加 156 个，增幅高达 62%。非上市公司中，还有很多企业正蠢蠢欲动，它们都希望搭上股权激励这趟"网红"快车。

这些公司的想法很简单，就是希望通过股权激励的方式留住人才，共同将公司做大做强。那些被授予股权的人才的想法也很简单，就是希望分享公司成长带来的丰厚利润，通过手中的股权"发家致富"，甚至成为千万富翁、亿万富翁。

不过，常识告诉我们，收益越大，风险也越大。我们看到的，是成功实施股权激励的案例，而我们没有看到的，不知道有多少失败的案例。激励失效的有之；员工内讧的有之；员工与公司对簿公堂的有之；甚至公司由此走下坡路的，也有之。不可否认，股权激励的确是一种非常好的激励方法，对留住高管、核心骨干能起到很好的作用，但实际上它是一项非常专业的激励机制，在激励机制设计的过程中有极高的要求，比如要具备企业战略、企业管理、法律、财务等多方面的专业知识，以及非常丰富的实际操作经验；股权激励对公司的"操盘手"（创始人或企业家）也有极高的要求，比如要懂得"财散人聚"的道理，要有胸怀天下的格局等等，否则容易导致"财散人散"的悲剧。

股权激励是一门科学

严格来说，股权激励是一门综合型、交叉型的科学。

企业实施股权激励，需要具备系统的商业思维。股权激励的工具不下十余种，比如分红股、期股、股份期权、限制性股份等，每一种工具都有各自的优点、缺点、适用范围，每种工具所产生的效果不一样，对公司和激励对象的影响也不一样。这些工具并非对所有公司都适用，需要针对每家公司的特点予以选择。而且，就算是同一家公司，在初创期、成长期、成熟期、衰退期等不同阶段，所选用的工具也不一样。一旦选错了工具，很容易给公司利益带来损害。

企业实施股权激励，需要具备扎实的企业管理知识。公司股权激励的对象是谁、给他们授予多大比例的股权、公司要拿出多少股份用于激励、不同职位的激励额度怎么设定、是一次性行权还是分次行权等等，都需要在公司与激励对象之间、激励对象与激励对象之间权衡考量，一旦拿出的方案有失公平，就有可能使激励效果大打折扣，甚至还可能产生副作用，导致员工愤而辞职，鸡飞蛋打一场空。

企业实施股权激励，需要具备娴熟的心理辅导技巧。股权激励，说到底就是要重新制定公司与员工之间的分配规则，是利益重新分配的过程。对此，公司高层是否同意股权激励方案？需要沟通协商；员工是否满意股权激励的数额？需要沟通协商；其他未被列为激励对象的员工，是否会闹情绪？也需要做好辅导。否则不管是公司高层，还是普通员工，一旦闹起来，也会让公司鸡犬不宁，员工无心工作。

企业实施股权激励，需要具备全面的法律知识。股权激励是现代企业制度的产物，现代企业制度的典型特征是所有权和经营权分离。股权激励的应用，使公司所有者与经营者之间的法律关系发生了变化，由雇佣关系变成了股东关系，由此就会涉及与股东和股权相关的法律知识。这些知识既包括《公司法》《证券法》《会计法》等相关法律，也包括证监会、上交所、深交所出台的相关法规和政策文件等，它们都是开展股权激励必须要掌握的知识，否则容易触碰红线或是掉入法律陷阱，轻则受到处罚，重则会被告上法庭。

企业实施股权激励，需要具备专业的财务知识。有的股权激励，在实施时需要发放红利，有的需要员工出资购买，还有的涉及递延税款的处理等等，这些都需要专业的财务知识。同时，股权激励通常有业绩考核的约束，而业绩考核多以财务指标为主，比如有的以净资产收益率为衡量标准，有的以净利润为考核标准，这些都对财务专业知识提出了更高的要求，因为哪怕一个细小的环节出错，都会对整个激励计划造成重大影响。

股权激励是一门艺术

有人说，股权激励是个技术活儿，通过学习或聘请律师来操盘，应该就可以规避风险了。

事情远没有这般简单。因为，股权激励还是一门艺术。

股权激励，是通过未来可预期的、有一定业绩考核条件的高收益，来激发员工的积极性。但是，在股权（钱）面前，员工是否能激发出最大的能量，是否从此就全心全意扑在工作上，还很难说。人心是最复杂的，并不是简单分点股份就可以掌控的。要是这样的话，那人人都可以成为像马云一样的优秀企业家。

企业实施股权激励，最怕公司与激励对象的心不能"捆"一起。所谓"人心齐，泰山移"，如果公司上下心往一处想，劲往一处使，没有什么是做不到的。倘若人心不齐，自由散漫，各有各的想法，各打各的小算盘，终究曲终人散，无力回天。

人心齐不齐，与员工及创始人都有着极其重要的关系。一方面，随着国民经济的不断增长，人们收入不断提升，慢慢地变得"不差钱"了。"90后""00后"这些新生代员工，他们选择到哪里工作、以什么状态工作，可能不是为了钱，也不是为了某个职位，而是为了心中的梦想。他们是否愿意将自己的才华与时间奉献给公司？是否愿意与公司共成长、同进退？是把公司作为实现自我梦想的平台，还是只是当作养家糊口的饭碗？另一方面，若创始人没有足够的胸怀和格局，目光短浅，只关注短期利益，对公司没有长远规划；或是心胸狭隘，总担心给员工分多了会稀释自己的利益，那么，即便设计最好的股权激励方案，也难以赢得员工发自内心的尊重和认同，所谓的激励也只能是浮于表面，流于形式，做做样子罢了。

前海股权事务所、中力知识科技通过总结大量实践案例发现，股权激励真正的难点有两个：一是专业要求高；二是人心所向难。如果说专业上的知识，可以通过学习来弥补，那么，让员工从内心真正认同公司的理念，则考验的是创始人的胸怀与格局——这显然比学习专业知识的难度更大。世界上，最难懂的是人心，最复杂的是人性。员工若与创始人"同心同欲"，则战无不胜、无往不利；员工若与创始人"同床异梦"，则离心离德、一战即溃。

从创始人与员工对待股权激励的态度来看，股权激励的效果可分为三个层次。

第一个层次，创始人并非从内心认同股权激励，只是看到别的公司在做，或者只是想挽留核心骨干人员而不得不实施股权激励；同样，员工也并非从内心真正认同公司理念，只不过既然有激励的预期高收益，是看在钱的份上勉强工作而已。

第二个层次，员工对股权激励既不排斥也不特别期待，反正公司实施了股权激励就干活，完成考核后拿到相应的奖励；对公司而言，员工完成了考核目标，公司的业绩也达到了预期目标，皆大欢喜。在这一层关系里，股权激励虽然进展顺利，但双方仍未能摆脱利的诱惑，或者说是在利益的驱动下尽力一搏。

第三个层次，则是创始人与员工的追求都已超越利的束缚，双方的目标高度一致，思想上高度统一，理念上高度认同，都是发自内心地要为人类社会做一些有意义的事情。以股权激励机制为纽带，使股东、员工及相关利益者结成命运共同体，共存共处，共同发展，共享共荣。

毫无疑问，第三个层次实施股权激励的效果最好，也是每家公司梦寐以求想要达到的效果，但事实上，并不是每家公司实施了股权激励，都能达到这种效果。

因为，专业的事需要找专业的人。

无论是专业层面上的业务操作，还是公司创始人的事业格局，抑或是员工个人的价值追求，都表明股权激励是一件难度极高的顶层设计，并非公司内部或单纯的法律及财务人士可以完成的，它需要的是集法律、财务、企业战略设计、企业管理、心理辅导等专业于一体，同时还能帮助创始人提升思想境界、人生格局、自我修为，帮助员工树立崇高个人价值观的综合型、专业化服务机构。

总之，股权激励没那么简单，如何科学有效地实施股权激励，《股权激励你不会做》将给出优秀参考答案。

第一章

股权激励没错，错在你不会做

"自古深情留不住，唯有股权得人心。"

随着企业经营规模的不断扩大，很多企业家被一些无足轻重的事务性工作缠身，却无暇顾及影响企业生死存亡的战略发展，公司发展渐渐停滞不前。为了解决这个难题，他们想到了通过股权激励激活组织、激励员工。毫无疑问，股权激励是企业管理发展史上伟大创造之一，如果运用得当，完全能够提高人才的工作积极性，留住最优秀的员工，让企业家得以摆脱杂务、专心战略。

于是，企业家们在对股权激励半知半解的状态下，开始在企业内部导入股权激励，并对激励效果满怀期待。但是，让他们始料未及的是，结果往往事与愿违，最后发现亲手打造的是一项错误的工程：当股权激励的大幕拉开，企业没有变得更好，内部却裂变出难以逾越的鸿沟。

其实，股权激励哪里有错？错就错在你不会做。

第一节　不会设定分配规则，激励失去准星

　　"股权激励，是通过股东利润分成、公司虚股或实股、期股或期权等激励模式，使企业和股东与激励对象形成需求共同体的激励模式。"

　　　　　　　　　　　　　　　　　　——前海股权事务所、中力知识科技

　　这是前海股权事务所、中力知识科技对股权激励的定义，不过，了解股权激励的上述定义，终究只是纸面上的收获。企业究竟会不会做股权激励，首先要看它们是否学会了制定分配规则。

　　股权激励，归根结底是对利益的再次分配。只有将适当的利益以正确的方式，交到正确的人手中，激励才能生根发芽、开花结果。为了实现这一过程，需要优先解决两个根本问题：其一，如何通过股权分配争取到更多内外资源；其二，如何确保股权分配之后，企业的控制权依然在主要股东的掌控之中。为此，企业必须尽早确立股权激励的规则。

　　然而，现实中对分配规则的忽视，可谓比比皆是。

　　有的企业初创基业，只顾埋头"打江山"，却忽视了股权分配规则的确立。甚至在股东们看来，提前明确激励规则、谋划未来利益，是"有损团结"的事情。结果，一旦企业做大，原有薪酬激励变得动力不足，反而出现人心离散的局面。

有的企业初具规模，便着手执行股权激励，但具体规则却始终充满"朦胧美"，没有全面、具体、准确的文字条款，更没有通过宣传来让所有人对股权激励达成共识。结果，股权激励成为朝令夕改的"奖励"，让激励对象难以安心工作，更不用说主动激发他们的潜能，维系忠诚。

曾经有一家知名的科技公司，在创业之初，创始人提出"平台与团队创业"理念。在此精神指导下，公司制定了薪酬战略低于同行业竞争对手的政策。5年后，为了推动上市，公司决定进行股份制改造，核心员工都很兴奋，认为创始人必然会兑现承诺，让大家拿到公司股份，实现创业夙愿。但没想到，创始人却表示，除了几位元老级员工外，其他核心员工总共只有1%的股份认购权利，其中分到最高份额的也不足0.1%。这个额度跟他们的预期相比，落差实在太大，令员工心寒不已，核心骨干员工也陆续流失，公司业绩一落千丈。最终，公司的上市梦想也化为泡影。

可以说，这家公司正因不会制定分配规则，而导致了股权激励的失败。在公司创业初期，仅仅宣传"平台和团队创业"的口号，由创始人自行许诺，而对创业初步成功后如何激励、落实怎样的激励制度、每个核心员工预期获得怎样的利益等内容，都没有形成文字规则，直接导致的结果是期望与现实差距太大，由此使得激励失去准星。

虽然大多数企业企业家并不会如此失信，但由于缺乏股权激励的经验，很容易导致激励方案失去规则约束。例如，不少企业进行股权激励，都会按照隐含的默认逻辑制定规则：单纯根据某人在某个工作岗位上工作年限，决定其应该获得某种程度的股份激励。这种理念看起来似乎没错，但操作以后却会适得其反：所有人都觉得不公平。因为这种激励是基于每个人过去对企业的贡献加以设计的，但每个人都会觉得，自己对企业的贡献并不小，完全配得上更多的股份。

实际上，当核心员工们看到期待已久的股权激励计划时，其内心潜台词是这样的：

"我在公司待了六七年，创造这么多业绩，你才来公司两年，凭什么股份比我多？难道就因为你是副总？"

"我只不过晚来了两年，但是我起码也是高管团队一员，凭什么销售部经理的股份都快赶上我了？"

"不患寡而患不均"根植于国人的精神基因中，分配数量的不均匀，并不是最可怕的，怕的是规则中带有的不公平感。一旦股份激励规则在公平性上有所缺失，员工自然无法产生积极性，即便那些获益匪浅的员工，也会由于"论功行赏"的想法，认为股份、期权本来就是他们应该得到的。这种看似公平的规则，不但无法确保激励效果，反而会引起内部矛盾，增加了企业经营风险。

因此，想要学会做股权激励，首先要学会制定真正行之有效的激励规则。

第二节 不会选择激励时机，价值无法最大化

股权激励，本质上应该是企业所有者给予经营者的长期激励，这种激励最主要的评判标准，是经营团队未来所创造的业绩，而不是其过去的贡献。从这一维度来看，时间是股权激励最大的朋友，也是股权激励最大的敌人，不会选激励时机，激励制度的价值就难以最大化。不少企业直到上市之前，都没有实施股权激励。其原因无非包括以下几点：

——由于未能及早规划，当保荐券商进场、公司股份制改造完成后，即面临紧张的上市日程安排，企业只能选择放弃股权激励计划，全力为上市做准备。

——出于对股权激励计划在上市前后如何衔接的担心、对上市后高管离职套现行为的担心，因而在股权激励问题上踌躇不前，最终错过最好时机。

——股东误认为在上市前缺乏对员工的激励手段，干脆放弃上市前的激励计划，结果没能抓住最好的时间点。

实际上，不仅拟上市的公司会面对时机选择的困境，暂时没有上市计划的企业，在实行股权激励时，也同样面临时机问题。

从纵向来看，绝大多数公司的发展阶段，大致能够划分为初创期、成长期、成熟期、衰退期，各个发展阶都适合实施股权激励。

从横向相比，企业的性质、规模、发展阶段各不相同，小公司与大公

司、非上市公司和上市公司、初创公司和成熟公司，最适合的激励时机都是各不相同的。

企业家必须在慎重思考后做出决定：在漫长的周期中，如何独具慧眼，从中选择出最优的时间点进行股权激励？尤其要考虑到，在每一阶段，企业都会呈现不同的特点，员工也会产生不同的需求，只有在企业发展的不同阶段匹配相应的激励工具与方法，股权激励才真正起到激励作用。

总而言之，股权激励的时机问题，很难简单给出统一的完美答案，只有具体问题具体分析，在充分了解企业现状与未来走向的基础上，才能设定最合适的时机，促使股权激励达到最优效果。

第三节 不会系统设计方案，激励难以奏效

股权激励是一项科学的系统工程。完善的内部管理结构，是企业推行股权激励的前提条件，不能因果颠倒。如果企业内部管理不佳，却又贸然实施股权激励，很有可能面对苦涩的结局。

20世纪90年代股权激励引入中国之后，国有企业、民营企业纷纷效仿，但从最终效果来看，成功和失败的占比接近，情况并不乐观。其中固然有很多客观因素，但不懂得以系统性视角来看待股权激励，是难以忽视的主观问题。

实际上，影响股权激励的因素有很多，包括股权集中度、激励模式、激励强度，也包括企业性质、企业所处发展阶段，更包括外界因素如股价涨跌、政策影响等。正是这些内外因的共同影响，让股权激励成为复杂的系统构建问题。

以民营企业为例，目前民企大多股权集中度较高，大股东绝对控股现象普遍，小股东与经营者的利益很容易受到相互影响。同时，由于民企激励对象大多是高管和核心人员，长期从事管理工作与技术研究，当他们面对长期契约与股票市场，发现其中不确定因素较多，他们对股权激励的态度也就较为冷淡了。此外，民企管理机制不完善，监事会大多作用不强，在股权激励方案的设计上，往往表现得较为简单，只是将其简单纳入到薪酬体系，缺乏系统的科学设计与专门研究。

　　某企业家，相当重视当初和自己并肩作战的创业团队，为了激励他们，也为了吸引新的人才加盟，他经常慷慨地拿出企业股份，要求员工认购。虽然企业家认为自己这样做很讲"义气"，但该企业既没有严谨完整的股权激励计划方案，也没有明确约束的考核机制，激励对象与工具的选择，几乎只凭企业家的一句话。而员工自己是否想要这样的激励，企业家都并没有深入了解，却如同发放福利般地将股份低价"摊派"给员工。

可想而知，虽然企业家的出发点很好，但他在做完"股权激励"后，却发现效果并没有预期的那样好。企业想要达到的业绩目的没有实现，员工团队也并未更加团结。

事实上，股权激励作为系统性工程，与企业治理环环相扣，采用何种方式进行激励、激励哪些人、激励股份哪里来、激励额度多少、何种条件下给予、何种条件下撤销，都是企业家需要仔细斟酌的问题。企业家需要认识到，股权激励并不是万能的，单纯形式上的股权激励更不可取。只有将长短激励相结合，物质激励与非物质激励相结合，让企业管理更加高效，核心员工才能真正感受到企业的重视，认识到其真正的职业发展空间，认识到不努力工作可能带来个人利益的损失。而这些，都是需要通过系统性建构激励体系才能实现的。

股权激励计划的设计与实施重要而复杂。在各方面激励要素齐备之后，企业必须制定一系列相应的管理机制，诸如激励计划的管理机制、计划的调整机制、计划的修改与终止机制等等，由此才能确保股权激励计划顺利实施。

第四节 不会股权统筹布局，控制权旁落

股权不同于工资和奖金，通过股权激励分发给员工的，不只是眼前的物质利益，更有作为股东的权利和荣誉。另一方面，由于股权激励会带来股权结构的改变，稍有不慎，很可能就会动摇公司治理基础，引起公司控制权的变动，甚至导致大股东股份流失、企业价值理念的转变。

客观看来，实践中由于股权激励直接引发股权结构变动影响原始股东控制权的事例并不多见。然而，在股权激励过程中，缺乏对控制权的保护，等于在企业未来发展道路上，埋下了一枚隐形炸弹。

泡面吧是一个面向中文用户的在线计算教育平台，采用伴随式教育的概念，让用户可以像泡面一样更高效、更主动地学习。

2012年底，还在美国伊利诺伊大学香槟分校上学的俞昊然，写出了泡面吧的代码。俞昊然认为泡面吧很有前途，但因为自己还在美国上学，而泡面吧主要面向的是国内的用户，所以他便邀请自己的两个朋友王冲、严霁玥负责泡面吧的具体运营。

俞昊然对王冲非常信任，将与天使投资人商洽的事也全权委托给王冲处理。但渐渐地，俞昊然发现，王冲有取代他成为泡面吧最大股东的倾向，因为在有关泡面吧的很多报道中，感觉王冲是公司的控制人。

俞昊然决定提前回国处理股权事宜，他发现，在工商部门的登记中，王冲占泡面吧 65% 的股权，而自己只占 25%。

俞昊然认为自己才应是泡面吧的最大股东。于是，俞昊然与王冲发生了争执。俞昊然说，当初为了能成功引进天使投资，曾与王冲有口头约定，王冲暂为第一大股东，等完成天使投资后，两人股份再对调。但当时，这份协定并未形成书面协议。

王冲的说法则与俞昊然不同。他提出，因天使投资要求有一位全职工作的股东当大股东，鉴于俞昊然还在美国念书，就由他来做大股东。若以后要进行新的融资，则先稀释王冲的股份，直到股份比俞昊然高 1% 时，再同时稀释两人股份，一直到与严霁玥的股份接近。最终的结果是，三人股份大致相当，但王冲仍是最大股东。但俞昊然并不认同这个方案，坚持认为自己才是泡面吧的最大股东。

双方为谁是最大股东争论不下，直到要签约天使投资的前一天，关于谁是最大股东的问题还没有确定下来。最后，俞昊然一怒之下删掉了泡面吧的代码，最终导致 3 名合伙人决裂，泡面吧项目也进行了更名。

从公司的控制权结构来看，公司最高的权力机构是股东会；其次是董事会；最后则是管理层。在股东会上，股东们按照其在公司所持有的表决权数量或比例来决策公司重大事项，股东所持有的股份对应着表决权数量或者比例。按照《公司法》，如果想要完全主导公司，至少应该拥有公司三分之二即约 67% 的股份，才能修改公司章程，拥有公司 51% 以上的股份，成为相对控股股东，就可以有效控制公司的经营行为。

因此，企业创始人在设计股权激励时，必须重视保护自身所持有的股份比例，因为股份的多少与实际控制权之间的联系十分紧密。如果企业家因为股权激励设计不当，而导致股份被稀释过多，很可能失去控制权。

当然，从另一个角度来看，创始人也不应出于保护控制权的想法，过分强调自身股权的绝对优势。

在企业发展的特定环境中，绝对控股的治理结构对企业的发展是有利的，能够保证企业决策效率、防止股东扯皮，也可以对经理人加以有效监督与管理。但当企业发展到一定程度，绝对控股就会暴露出愈来愈多的问题，例如伤害其他股东积极性、难以培养企业发展接班人或大股东对小股东利益的侵占等等。

有鉴于此，创始人只有正确利用股权激励，才能避免问题的产生，确保企业创始人不会面对失去控制权的隐忧，同时又消弭了企业内部股权过于集中的弊端。

第五节　不会科学设定目标，激励变福利

在股权激励课程上，不少企业家曾向我们抱怨：为什么做了股权激励，设定了考核目标，但业绩却没有增长。

对此，我们认为，由于不懂设定科学的考核目标，制定的目标过低，导致股权激励行权条件轻而易举达成，激励对象拿到股份，但公司业绩没有太大增长，公司价值没有得到彰显，最终，股东、员工、企业"三输"。

有一家网络信息公司，成立于 2006 年 1 月，公司的发展战略是致力于以幸福安家为主题的网络服务产业链，其主营业务包括房产、家居、社区和互联网金融服务公司自主研发运营的房地产家居网络营销服务平台×××地产家居网，目前已经覆盖全国大部分重点城市。

该公司于 2012 年 3 月在深交所挂牌上市。2014 年 3 月 22 日，公司为提升员工忠诚度和凝聚力，完善公司治理结构，推出了限制性股权激励计划。该股权激励计划授予激励对象共 425 人，包括中高层管理层人员和一定职称以上的核心技术人员，总共授予 365 万份股票期权。激励对象想要实现行权，必须同时满足的首期解锁条件为：以2014 年净利润同比增长 10%，净资产收益率不得低于 9%。

方案出台之后，专业人士就提出了相关看法：该股权激励计划的考核指标过于简单。

不少企业在制定股权激励计划时，都会犯下考核指标过于简单的错误，他们的考核指标往往只包含净利润增长率和净资产收益率。这些财务指标由于种种原因，很容易被企业管理层操纵。另外，以净利润增长率和净资产收益率为指标，只是简单地套用其他大多数公司的做法，并没有根据企业自身经营的业务特点、发展情况、股权结构、竞争对手、市场情况进行专项设计。由于财务指标不够全面、细致，非财务指标设计较少，导致无法将企业的生存能力与竞争能力的变化充分体现出来，也难以准确反映公司的经营成果。

在这种过于传统的激励考核制度下，考核指标很容易设置过低，使得股权激励门槛定得太低，让整个股权激励方案的运行出现问题。

2008 年，长期业绩表现良好的伊利股份，突然发布了业绩预亏公告，其股价也顿时跌停。伊利公告宣称，2007 年前三季度，该企业实现净利润 3.3 亿元，但该部分利润却无法抵消股权激励的会计处理所形成的损益额度。人们惊讶地发现，原来用于提升企业绩效的股权激励方案，居然就这样成了企业亏损的"幕后黑手"。

究竟是什么样的股权激励方案，让一个绩优企业出现年度亏损？原因就出在伊利股份的股权激励方案设计上。这份方案将股权激励考核条件门槛定得过低：首期行权时，伊利股份上一年度扣除非经常性损益后的净利润增长率不低 17%，且上一年度主营业务收入增长率不低于 20%；首期以后行权时，伊利股份上一年度主营业务收入与2005 年相比的复合增长率不低于 15%。

这样的行权条件，在上市公司中实在是过于简单，用于激励的股权如同白送。尤其是首期之后的行权，甚至都不需要考虑净利润增长的考核因素，如此一来，即便 2007 年企业利润出现亏损，但只要主营业务能实现复合增长率达到 15%，该公司股权激励就依然能得以执行。在这种条件下，考核形同虚设，股权激励出现"负增长"成果，也就并不奇怪了。

激励考核条件设定太低，固然不利于发挥激励价值，但条件设定太高，显然也会让激励方案失去价值。在企业的股权激励实践中，由于考核条件定得过高，使得激励对象怀疑企业家的激励诚意，导致激励方案全盘失败的情况，也并不在少数。

事实证明，股权激励不仅要有严格的考核方案，还要从战略角度去对考核条件加以严谨设置，防止由于考核条件失去科学性，而造成最终结果不如人意。

第六节 不会制定约束机制，公司蒙受损失

现代股权激励模式起源于美国，几百年的市场经济之路走下来，美国各方面的监管制度与法规不可谓不齐全。然而，在巨大利益的诱惑面前，总有行为不良者敢于挑战底线，美国也概莫能外。

2001 年，美国安然公司爆发丑闻。

安然公司是一家位于美国得克萨斯州休斯敦市的能源类公司，最辉煌时，该公司拥有两万多名员工，是世界上最大的电力、天然气及电讯公司之一。公司曾经连续 6 年被著名的《福布斯》杂志评为"美国最具创新精神公司"。

然而，在这家公司中，约束机制早已变得形同虚设。高管们为了确保自己获得的股权价值不下降，想方设法避免企业亏损对股票价格的影响。他们先后成立了多家境外公司，实现对公司经营亏损的掩盖。同时，高管们不断制造虚假报表、增加利润、掩盖亏损，这让公司股价屡创新高，高管们则从中获利数千万美元。最终，这一事件被曝光，相关责任人锒铛入狱，安然公司宣布破产。

安然丑闻震惊全美，波及世界。在此之前，向企业高层管理人员乃至普通员工发放激励股，是美国企业管理中相当成功的经验。然而，安然高管却利用高超的会计手段，将董事会与投资者玩弄于股掌之间，

自己赚得盆满钵满。这一惨痛教训说明，如果不会制定约束机制，实施股权激励的安全底线都难以保证。

上市公司的特点，决定其企业规模较大、结构复杂，股东难以对高管进行严格监督。尤其在一些新兴产业中，股东或企业家缺乏相关知识与经验，对新行业运行模式与经营理念，都缺乏深刻了解和认识。客观上，国内的经理人市场还不够成熟，经理人市场缺乏足够数量的职业经理人供给，高效、便利的经理人流通体制还没有完全构建，由此导致经理人市场缺乏竞争性，许多高管并没有直接面对经营压力，即使业绩不够出色，通常也很少会直接面对解职风险，其职业生涯面对的整体压力不算太大，股权激励对其而言更多属于"锦上添花"而非"雪中送炭"。上述情况都可能更导致股东失去对激励方案和进度的控制，并造成员工的不良行为。

例如，由于我国相关法律对企业在职高管人员转让股份行为有所限制，部分高管在股权激励之后，为了追求自身利益的最大化，很可能选择离职套现。其中，又以创业公司在上市之后的离职套现现象最为严重。毋庸讳言，大量高管的离职套现，导致股权激励非但没有起到应有作用，反而对企业长期发展造成了不利影响。

即便高管没有离职套现，他们也很容易通过在职减持套现，逐渐实现个人利益的不断满足。在职减持套现虽然表面上有利于企业管理层稳定，但是与企业长期激励的意图相悖，同时，在资本市场上也会对企业形象造成负面影响。

另外，管理层员工为了实现自身利益，降低股票激励的行权条件，甚至可能在制定激励方案之前，故意隐藏企业未来的规划和增长潜力，刻意降低激励方案中的利好预期。这样的激励方案一旦出台，管理层员工就能轻易行权，却无法代表股东的真实意图，甚至损害股东利益。

上市公司如此，非上市公司情况又如何呢？

从法规上看，非上市公司实施股权激励计划虽然没有法定的授予条件，但这并不意味着企业家可以不用学习了解如何设立约束机制。更何况，大多数创业企业或中小型企业出于竞争需要，将企业的经营权和决策权集中于部分管理人员手中，这客观上造成企业的个人决策权大于集体决策权，甚至导致经营决策的经常性转变，带来企业发展的不稳定。当这样的企业贸然进行股权激励时，就难以得到有效监管，很难保证股权激励的透明与收益。

面对种种可能发生的问题，企业家必须意识到，只有建立与激励机制相配套的约束机制与退出机制，核心员工的不良行为才能得到提前防范，股权激励才能发挥应有作用。

第七节 不会选择激励模式，激励未达预期

在诸多股权激励案例中，我们发现了一个明显的共性特点：当企业实施股权激励时，企业家最害怕的不是将利益分给下属，而是担心分了股份后，员工不好好工作，甚至拿了股份就走人。

我们认为，股权激励不能一步到位，应根据发展阶段，结合公司发展战略规划，多阶段、多模式、多平台实施。激励的模式也不能局限于一种，应该将超额利润分红、在职分红、虚拟股激励、股份期权、限制性股份等激励模式综合运用。

某民营企业的创始人 H 总，愿意拿出企业 20% 的股权，对高管和核心员工进行股权激励。经过简单的调研，他很快公布了自认为理想的股权激励方案：公司每年度末进行业绩考核，对考核中认可的核心员工授予虚拟股权。激励对象可以按照获得的虚拟股权数量，享有分红权利，一旦获取虚拟股权达到一定数量后，经公司考核合格，再加上续签劳动合同 3 年，即可获得购买实际股权的资格。激励对象在获取该资格后，就能以合理价格出资购买股权，并获得股东资格，公司也会配合进行工商变更登记。

方案一经公布，起初获得了不错的反响。2 年后，营销部门负责人 G 总满足了上述条件，出资购买了公司 3% 的股权，同时进行了工

商变更登记。然而，1年之后，G总就提出辞职。对此，H总表示无法接受，他提出，既然购买了企业股权，享受了激励，就应该最起码要履行完3年劳务合同，G总既然只干了1年，股权必须回购。G总则表示，当初激励方案中列出的条件，只是持有虚拟股权达到一定数量、考核合格、签3年劳务合同这三条，至于是否需要完全履行劳务合同，并不是股权授予的条件。因此，他拒绝将股权还回去。

围绕着具体条件究竟是什么，双方争执不下，最后不得已对簿公堂，法院经过审理，支持了G总的立场。H总精心酝酿的"股权激励"，却种下了股权流失的苦果。

这样的事情，虽然听起来对企业家并不公平，却是真实发生的。这也说明股权激励并不是万能的，在设计方案时稍有不慎，就有可能导致未来矛盾的激化、利益的损失。想要避免重蹈覆辙，在设计股权激励方案时，企业家不仅需要明确约束制度，规避高管个人行为带来的风险，更应该真正读懂员工的需求，再用恰当的激励模式进行激励。

在上述案例中，H总的股权激励，显然是想要通过满足核心员工的长期利益，实现将他们留在企业发挥能力的价值。然而，他所设计的激励方案，并没有达到这一目的。

最初，企业授予G总的是虚拟股权，虚拟股权只能在企业内部登记，按照持有的虚拟股权数量比例享有利润分红。如果企业股权增值，虚拟股权也会增值，但G总却没有对应的投票权、表决权等与实股对应的权利。随着条件的成熟，G总直接获得了实股激励，有了真金白银的对应权利。这样，他的需求被充分满足了，公司3%股权价值对他来说已经成为一笔握在手中的财富，落袋为安，失去了继续奋斗的动力。

如果公司采用渐进式、多次多阶段激励模式，事情的结局或许就不一样了。例如，他可以将"虚拟股转实股"的激励组合模式，改变为"虚拟股转期权"的方法。当虚拟股达到一定数量并通过考核后，可以授予激励对象一定数量期权。采取这种分期行权的方法，可以每年行权三分之一，即允许激励对象在 3 年后以授予价格出资购买。这样，虽然激励对象同样获得的是实股，但能保证其 3 年的努力工作时间，保证其需求方向始终与手中激励价值相对应。即便 G 总在该方案模式下工作 1 年就离职，也只能获得三分之一的期权行权权利，无法一次性获得。

第八节 不会统一团队思想，价值缺少认同

股权激励的表象，是对企业股份的再次分配，但企业家对激励的理解，绝不应该只是股权的分配，而是关系到公司治理、战略规划、组织结构、人力资源等多方面的系统性工程。不仅如此，企业家还要将这种理解宣导给员工，让所有人都能看懂激励的本质，从而统一认知。

遗憾的是，企业家虽然设计出激励方案模式，但由于各种原因，没有在此过程中将认知统一。结果，股权激励的尝试，反而导致了人心离散、员工流失。

来看下面两个案例：

某创业公司企业家，在企业创始之初，就向元老级的五六名员工不断宣扬，一定会将他们看作核心员工，给他们分发股份。

3年之后，企业完成了一轮融资。同时，股权激励方案也落地实施，几位老员工拿到了期权激励，授予的数量从0.7%到1.5%不等，等待期为3年。没想到，激励方案一公布，几位核心员工不约而同提出辞职，甚至有新员工也跟随跳槽而去。企业家为此摸不着头脑：再苦再累的日子都一块儿闯下来了，为什么激励方案提出了，却要走人？

某传统行业的一家企业，成立了10余年，正处于成熟期的转型阶段。为了开拓一系列新的业务，公司引进了新的高管。同时，老业

务依然被企业家所重视，希望老业务能够源源不断向新业务"输血"。为此，企业家决定施行股权激励，一方面是为了给十几年来共同开创基业的员工以希望，推动他们继续发挥力量；另一方面也是为了让公司在转型升级中，吸引到更多核心人才。

然而，当第三方专业顾问团队开始调研时，才发现公司存在一系列问题，差点将股权激励带入歧途。

首先，公司虽然出台了关于转型升级的战略规划报告，提出了相应战略方向与定位，并对员工进行宣讲。但核心高管却都对公司主要战略方向以及实施方式持有不同的看法。老高管认为新业务投资巨大、未来发展并不明朗，新高管认为新业务才是企业未来战略的重点内容。在实施方式上，有的高管认为主要应该走投资兼并的道路，也有的人认为企业投资太多会拖垮自身业务。

公司管理层对于战略的认知不同，意味着所有人对不同岗位的价值也有不同的认知，在这种情况下，对具体激励对象的评价、考核，很难让大多数人觉得公平。最关键的是，企业家本人并没有察觉到所有人的认知差异，直到专业团队提醒他应该重新看待激励的本质，他才恍然大悟，认识到统一思想的重要性。为此，企业高层重新开展了战略研讨，明确公司未来的发展方向，并将新老业务各自的价值进行定位。在多次沟通之后，新老高管终于跳出自身部门利益局限，站在公司发展的层面考虑问题，统一了关于战略方向的认知之后，发展目标、组织架构、薪酬体系均得以顺利理清，最终，激励方案得到了广泛认可。

上面两个股权激励方案的执行，其结果虽然截然相反，但实施过程却暴露了最普遍的问题：认知不能统一，激励必然失败。

在第一个案例中，以企业家的认知来看，每位员工能拿到 1% 左右的期权激励，已经是对其过去成绩和未来潜力的充分认可。但这种认知却没有被员工所接受，员工想的是："我工作这么辛苦，你给我的股权只有百分之零点几，简直是对我的不认可。何况就这么点期权，我还要再等 3 年，企业未来发展怎么样，我怎么会知道！"有如此的认知差异，自然会发生企业家不愿看到的结果。

在第二个案例中，认知的差异主要产生在激励背景方面。幸运的是，由于有了专业团队介入，企业提前避免了认知差异的放大，将股权激励失败的苗头扼杀在最初阶段。

实际上，许多企业在不同的发展阶段，都会存在认知缺乏统一的问题。因此，在实施股权激励时，不能只是以鼓舞士气的表象来看待其本质。股权激励并不是单独存在的决策方案，而是关系到企业未来的重大工程。如果实施的认知基础不牢，就难以达到激励效果，很可能出现负面作用大于正面作用的现象。

具体来说，在股权激励的认知准备工作上，企业通常会出现下列错误：

1. 股权激励变成"画饼"

有些企业家（尤其是创业企业、中小企业的企业家），习惯于从高管入职第一天开始，就时常和员工谈论股权激励，但与此同时，公司却并没有真正开展股权激励的准备，更没有具体计划。在员工看来，这种宣传反而变成了"画饼"。随着"饼"越画越大，企业家与员工对股权激励的认知鸿沟也在不断加深：企业家觉得股权激励可以不断讲，但做起来还需要时日；员工却认为自己马上就应该得到企业的股权。这样，员工的期望被错误营造出的认知无限放大，就会产生不满、失望等负面情绪。

2.股权激励概念不清

在不少员工的概念中，所谓股权，就是占有企业股份的百分比。然而，大部分核心员工或者潜心技术工作、或者负责管理和营销，并没有企业估值的概念，缺乏理性认知，如果没有经历过股权激励，他们对股权的期望就愈发感性化，经常凭感觉给出期待：从百分之二三，到百分之一二十不等。在实践中，甚至有高管直接说过："拿个百分之一点几，有什么意思？"他们可能并没有想到，公司创始人中的小股东所占有股权，可能也只有百分之一二十。

当然，员工不了解股权结构和占比的概念，并不是他们的无知。但企业家却需要积极了解员工现有想法，并引导他们的期望，灌输科学的股权激励知识，从而将股权认知统一起来。

3.股权激励背景不明

企业为什么需要股权激励？为什么是此时进行激励？为什么是对特定的对象进行激励？诸如此类的相关问题，都与员工脑海中萦绕的认知、看法有关。企业家不能一个人孤独地上下求索，必须围绕背景认知问题，不断和企业员工进行沟通交流，在思维碰撞、观点对立的过程中，找到交融点，以便于让所有人的认知能够趋于一致。这样，股权激励就有了成功的基础。

"上下同欲者胜"，反之，在股权激励领域无法统一全局思想的企业，自然也就会在内部横生出不同的声音，以至于变成发展道路上的噪声与干扰，让企业家与员工无所适从。

第九节 不会运用法律法规，灵活与规范难兼顾

随着市场经济的不断发展，越来越多的人开始谈论股权。某些大型企业中，员工判断个人前途，已经并不完全依据年薪与职位高低，而是看手中有没有股权。因此，与股权相关的法律问题变得越来越受重视，企业家在制定股权激励方案时，既要充分熟悉法律框架，也要突破法律的限制，找到游刃有余的空间。

然而，不用说忙于企业经营的企业家和经理人，即便是法律专业的学生，也未必能在短时间内理清相关法律知识。这就造成了企业不得不面对的矛盾：一方面，在股权激励之前必须要懂得相关法律知识，另一方面，大量的限制性法规内容，又给人无从了解的感觉。

怎么办？企业家们想到了专业力量。于是，为了确保上市和股权激励的合法合规性，企业经常求助于律所和券商。

近年来，在酝酿上市或股权激励时，越来越多的企业家首先想到的就是律师。律师精通法律事务，再加上职责与利益所在，因此他们考虑股权激励，更多从合法合规性的角度考虑。在参与制定股权激励方案过程中，律师的第一关注点就是方案是否存在法律风险，是否合法或可能引来诉讼，从而保证股权激励方案在风险防范上天衣无缝。

不过，股权激励并不只是法律问题，还涉及更多企业战略与系统的问题，同时也关系到企业文化建设、价值观宣导和员工心理等深层次问题。

律师虽然是法律上的专家，但在这些方面基本属于外行，不可能全方位地把握公司治理、薪酬体系、战略规划、绩效考核、资本运作等内容。因此，不少为了控制成本而请律师做股权激励方案的初创企业，实际上得到的股权激励方案并不全面系统。虽然防范了法律问题，但并没有让方案产生真正的激励效果。

相比仅咨询律师的初创企业，不少大中型企业在准备上市时，会邀请券商"顺手"做股权激励方案。企业家通常会认为，由同一家券商操作这两件事，就可以让 IPO 和股权激励都能在合法合规情况下达到成功。

的确，券商针对准备上市的企业提供股权激励咨询，能够帮助企业合法走向资本市场，他们比较熟悉相关法律法规，擅长在法律法规的规定下设计股权激励方案。不过，券商通常从审核的角度，确保方案的合法合规。因此，券商也不是企业理想的选择。

部分企业在制定股权激励方案时，还会选择聘请管理咨询公司或者专家学者等。自然，他们设计的股权激励方案，能够更多从企业经营管理和发展战略出发，更能激发员工的工作潜能，发挥股权激励的价值。但遗憾的是，他们通常缺少法律方面的专业知识，致使方案可能存在法律风险，将企业带入"雷区"。

基于以上现状，企业在股权激励实践中，时常会迈入两种误区：要么被法律法规所过分束缚，激励方案脱离企业经营管理实际，导致方案激励性不足；要么制定股权激励方案时忽略相关法律风险，给企业未来埋下隐患。

例如，我国目前从中央到地方，从国家层面到政府部门层面，都颁布了大量法律法规、部门规章和地方性法规，规范约束股权激励的行为。但其中绝大部分法律法规、部门规章和地方性法规，其规范对象都是国有企业和上市公司。这是因为国有企业的控股方是国家，股权激励涉及股权转让即国有资产的监管。同样，上市公司股权的转让，涉及广大股东利益，其股权激励方案成为法律法规监管的重点也在情理之中。但在实际操作中，许多非上市公司的股权激励方案，都在直接借鉴上市公司的股权激励模式来操作，不知不觉落入了法规监管的藩篱中。

企业家必须意识到，非上市公司在股权构成、公司性质等方面，与上市公司有明显的差异。因此，非上市公司可以不用像上市公司那样被法律所束缚。相反，可以由不同背景的专业人士组成复合团队，在科学指导下，采用灵活多样的股权激励方式。

第十节 不会做跨专业的事，好心办坏事

经过长期的实践调研总结，我们发现，企业在股权激励道路上最容易步入的歧途，就是"非专业团队，做专业的事情"。

有些企业家只是道听途说了关于股权激励的知识，就开始在企业内自行探索实施。这样的举动，有些类似"民间科学家"，凭借一时冲动就想单枪匹马造出火箭，并期待就此平步青云。也有些企业家确实学习了课程，了解到股权激励的知识，但这些课程的质量、水平、层次可谓五花八门。其中，有些是专业公司的推广课，有些只是新出道讲师的练手课，甚至还有些干脆只是偷师以后复制出的"培训课"。许多课程内容看似专业，却只是具备启发意义，并没有实际操作性。甚至少数课程只是摘录了相关概念，既没有系统知识，也不提供科学的工具。企业家如果只是接受了这样的理论学习，就误认为自己精通股权激励，能够独立完成方案的设计和执行，势必将走进误区。

最为关键的问题是，企业家个人缺乏专业股权激励方案设计的经验，也就无从在战略上预测股权激励实施之后可能发生的多种结果。如果贸然自行实施方案，很容易为企业发展埋下隐患。

有过这样的案例：

某企业即将在新三板挂牌，考虑到挂牌之后，企业的股份将会

有较大增值，企业家认为这是利用股权激励为所有人发放福利的机会。于是在挂牌之前，他吸收了全员近40名员工入股，其中入股最少的只花费了数千元，占公司股份不到万分之一。然而，原本意图良好的方案，却在执行中发生偏转：企业刚刚挂牌，个别小股东以急需用钱为名，集体向企业家提出收购自己的股份。根据《公司法》规定[1]，由于这些员工是在挂牌前入股，因此都是股份有限公司的发起人，无法立即转让股份。企业家被逼无奈，只好先自己掏钱借给他们，以便平息事端。

这家企业的企业家对股权激励有着良好期待，但他的错误就在于将股权激励看作是为员工谋福利，而不是需要由专业团队来构建的企业管理体系。因此，他的股权激励方案脆弱无比，漏洞明显，面对少数不愿与公司长远发展的员工，这样的股权激励毫无意义。

同样，有的企业家在学习过股权激励相关知识后，被内心良好愿望和澎湃热情所推动。他们错误地认为股权激励是"万能药"，一经使用，就能解决企业任何问题，取代其他所有管理制度和考核工具。这种非专业性的认识，也会导致企业走上错误道路。

---

[1] 《公司法》第一百四十一条规定："发起人持有的本公司股份，自公司成立之日起一年内不得转让。公司公开发行股份前已发行的股份，自公司股票在证券交易所上市交易之日起一年内不得转让。公司董事、监事、高级管理人员应当向公司申报所持有的本公司的股份及其变动情况，在任职期间每年转让的股份不得超过其所持有本公司股份总数的百分之二十五；所持本公司股份自公司股票上市交易之日起一年内不得转让。上述人员离职后半年内，不得转让其所持有的本公司股份。公司章程可以对公司董事、监事、高级管理人员转让其所持有的本公司股份做出其他限制性规定。"

　　一家初创企业在高速发展期实施了股权激励，由于公司创业不久、发展迅猛，以至于到实施股权激励之前还没有明确的绩效考核制度，甚至连岗位说明书也欠缺，公司管理相当混乱。企业家发现了这些问题，而且感觉依靠自身精力，难以对企业各方面的管理制度加以健全。恰好此时，他了解到股权激励的知识，于是灵光一现，决定利用股权激励来进行管理，取得一举两得的效果。

　　这位企业家的想法是：只要实施了股权激励，拥有股权的员工，就是公司的"主人翁"了。这样，即便不设立专门的管理制度，他们也会自觉投入到工作中。将来甚至整个企业，会变成类似于"华西村"那样的联合劳动体。然而，专业规律的运行，并不以企业家美好的想法为导向。经过半年的实践，这家企业的股权激励并没有实现预期目的，管理中的乱象不减反增，企业利润急剧下降。

　　类似的错误，在股权激励实践中屡见不鲜。我们必须指出，股权激励不能取代管理制度、绩效考核，同样也不能取代成本管理、人力资源开发等诸多工作。股权激励的设计和实施，确实需要战略眼光与综合能力，但它更是专业工具，不能解决企业内外所有问题，而必须由专业人员设计专业方案，对症下药地运用在专业用途上。

　　总之，由于股权激励方案涵盖了股权结构、上市运营、企业管理、法律实务等多方面的知识，科学规范、合理有效的方案设计需要多年浸润在企业实战层面的经验积累，因此，企业家必须慎重挑选最专业、最权威、口碑最佳的机构，在其协助下，顺利完成这一企业发展过程中重要基础的构建。

第二章

股权激励成功七要素："七剑下天山"

"知易而行难"，无数实践证明，想要真正在企业内推行股权激励，其难度要远大于设计出纸面上的股权激励方案。由于不同企业有不同的特点，股权激励实施过程也就会面对不同的环境、对象、任务、目标，经历不同的过程，体现出不同的特点。

正因股权激励实施的复杂性，在千变万化的股权激励实施过程中，设计者与执行者必须懂得充分合作、屏蔽干扰，牢固把握不同股权激励方案中共同的核心要素。只有始终明确围绕核心要素，才能让股权激励得到顺利推进。

图 2-0-1 是前海股权事务所、中力知识科技总结出来的股权激励成功七要素——"七剑下天山"。

图 2-0-1 股权激励成功七要素

第一节 第一剑：三多维度

股权激励实施的先决条件，是保持激励的多维度性。

社会进步潮流之下，无论思维理念还是利益取舍，具体评价与衡量的标准越来越多元化。同样，伴随经济发展和企业扩张，企业内部的利益主体和结构种类，划分也越来越复杂多变。甚至即便是同一个企业，在其发展的不同阶段，也会表现出截然相反的特点与需求。

因此，企业股权激励的实施，绝对不能按照事先规划好的单一路径刻板行事，必须懂得在不同阶段、对象与平台之间，找准不同维度上激励模式的异同。对这些差异点，前海股权事务所、中力知识科技将其总结为"三多维度"，如图 2-1-1 所示。

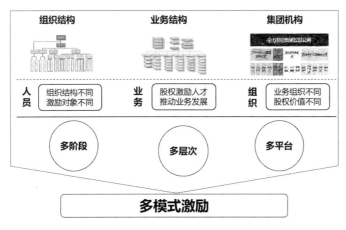

图 2-1-1 "三多"激励维度

股权激励方案设计需要考虑人员、业务、组织三个维度的发展变化。这三个维度在企业发展过程中会对股权激励的激励模式、激励数量、股权价值分配、持股方式产生一定的影响。

比如从人员维度考虑股权激励的数量和对象，企业刚开始做股权激励时，可以先从高层开始考虑做股权激励，然后进一步考虑中层干部和核心人才，分阶段进行股权激励。这样，一方面可以降低股权激励的风险；另一方面先小范围做试点，在实施过程中积累经验进行优化，取得效果后再进一步扩大激励范围。另外从激励对象个体来说也要考虑多阶段多模式激励，因为激励对象在企业发展过程中，他的职务会提升，能力和贡献也会提升，激励额度必定要进行调整，同时刚开始激励对象的需求可能更关心短期收益，企业用分红激励模式更有激励性和更合适，但随着激励对象的需求变化，希望与公司长期发展，成为公司合作伙伴关系，这时候他的需求是长期激励，针对这种情况激励模式也会从分红模式转变为实股（期权或期股）模式。所以从人员维度我们需要动态去考虑人才的需求和激励机制。

有些企业快速发展过程中会延伸新的业务和经营主体，企业的组织模式会随着业务的发展与调整进行变化，由此不同的业务单元无论从成熟度、业务规模、利润贡献都不一样的。在股权激励方案中，需要针对不同业务单元进行独立的激励机制设计，激励对象的收益与他所在的业务单元贡献捆绑在一起，这样有助于推动业务发展，同时避免"大锅饭"的现象产生，造成付出和贡献与回报不匹配情况的发生。我们曾经针对某个企业做股权激励项目，就针对不同的品牌产品、不同的业务单元进行独立的激励方案，激励对象的激励额度与他所在的业务单元挂钩，各业务单元财务独立核算，形成不同的利润中心。

针对集团化的企业股权激励方案需要考虑不同公司主体的股权价值是不一样的，针对不同的公司主体也需要考虑不同的激励模式。例如：中力有个会员企业，母公司是中小板上市公司，母公司的股权价值更多表现为在证券市场股票的价值，所以针对母公司的人员进行股权激励考虑用股票期权或限制性股票激励模式会更适合且具有激励性。另外这个企业下属有多个子公司，其中一个子公司已经挂牌新三板，且其下面还有几个分厂分布在全国各地。针对子公司的高管团队做限制性股份激励，被激励对象的收益更多反映在挂牌企业的股权价值，也和子公司的经营目标挂钩。子公司下属几个分厂是配套组装车间，是承接子公司下达的生产任务，其考核关注点是提升生产效率降低生产成本，针对各分厂的管理人员，我们建议实施超额分红的激励模式，各分厂在完成生产任务前提下，在成本预算范围内节约部分进行分红计划，鼓励管理人员有成本意识，减少浪费。通过这样分层次、分模式的股权激励方案，真正把价值创造与价值回报紧紧地结合在一起。

所以企业在做股权激励方案的时候需要考虑以下"三多"：

一、多阶段

从时间维度上看，企业处于不同阶段时，需要不同的激励模式。

有数据显示，中国企业平均寿命只有2.7年。为此，企业在这一阶段内，必须借助最实用的激励模式，增强员工对企业未来的信心。而当企业经历了原始积累的生存阶段之后，找准自身在市场上的定位，进入快速成长阶段。此时，企业可能已经有了较好的盈利，为了让员工有更大动力和斗志，就应突出利润分红的激励作用。随后，当企业进入成熟期时，有的企业已经上市，有的企业在谋求上市，此时就应该让员工能够更进一步获得公司的股权，在符合条件之后，进入市场交易，从而获得较高的溢价，实现套现盈利。

此外，考虑时间维度，除了把握企业自身发展阶段之外，还要注意到企业外在环境的历史阶段：

行业周期。行业整体出现衰退时，企业自身必然受到影响。例如功能手机被智能手机所代替、新能源汽车对燃油汽车的取代过程等。当行业周期的拐点到来之前，企业家也需要进行提前的股权激励，引导企业内部发展重心的变化。

政策和资本周期。在不同时期，国家出于战略发展需要，资本方出于利益追求，都会重点倾向于不同的产业。当周期到来时，相关行业会获得迅速发展。对应的，当政策和资本的红利窗口结束，企业也难免会衰退。股权激励设计和实施，同样也要将这样的时间因素考虑到其中。

企业处于不同的发展阶段，面临不一样的内外环境，所激励的对象也会有所不同。领导者应该结合不同股权激励工作模式的运行机制，正确选择工具加以组合，形成最适合本企业激励对象的股权激励方案，从而达到不同的激励效果。

例如，在针对经营者和高级管理人员时，股权激励主要目的是为了产生正面激励和反面约束的效果。因此，在目前法律框架下，大多数企业都会选择限制性股份结合分红权的方式，为这些员工进行针对性设计股权激励方案。

又如，针对管理员工和技术骨干等核心员工时，股权激励主要目的是充分调动其工作积极性与创造性，产生正面激励的效果，稳定骨干员工队伍。因此，企业大都选择"限制性股份"结合"业绩分红权"的股权激励方法。

针对销售部门负责人和业务骨干，股权激励又具有了不同的意义。相比其他员工，销售人员更加关注短期绩效，队伍本身又有着较强的流动性，不会太关心企业整体利益。因此，企业有必要让股权成为销售核心员工收入中的重要组成部分，使得股权收益能够成为其长期总收入中占有较大比例的内容，促使销售员工能够在关心个人短期利益的同时，也会兼顾企业整体和长远的利益。客观上，也能借此实现对销售核心员工收入的延期支付。

二、多层次

企业在实施股权激励时，一定要根据企业业务发展的需要，结合企业的组织结构，进行多层次的股权激励。由于企业组织结构的不同，根据不同层次进行激励的时候，激励对象也会各自不同。

例如，企业初创阶段，重点激励对象应该是创始时加入的员工，因为此时需要他们继续保持旺盛的工作热情，继续发挥潜力；企业上市阶段，重点激励对象就应该转为那些主管企业未来业务的核心员工，因为企业在资本市场上的表现如何，很大程度取决于其业绩。

又如，企业采用部门结构、事业部结构或发展到集团架构体系，其激励对象也必然有所不同。部门结构下，被激励者主要是不同部门的经理与核心员工；事业部结构下，被激励者主要是事业部负责人。

实际上，考虑激励对象的不同维度，也是将企业内"人"的因素，同"时间"因素和"平台"因素进行综合考虑。企业必须清楚，员工在各自岗位上工作，不可能是静态的，而是受到企业环境变化的影响而随之变化。只有看清不同员工的变化趋势，才能明确把握股权激励对象这一核心要素，根据业务发展的需要，激励相应的主要人才。

三、多平台

当企业规模扩大后，设计和实施股权激励，还需要考虑到不同平台层次的影响。尤其是非上市公司在实施员工股权激励计划时，可以选择让员工通过持股平台间接持股方式进行。设立持股平台，便于公司治理和股权管理，其形式包括公司制、合伙企业、资管计划或者信托等。

选择不同层次的股权激励平台，在法律、税负和激励效果上，可能会产生不同的影响。同时，平台这一维度的不同，还会影响到股权激励方案实施的效率，正确的平台，能够做到让企业和员工更加便捷地变更与处置股权财产。

随着外部环境的发展与变化，企业也需要不断变化。只要企业在前行，激励方案的设计和实施就永无止境。因此，股权激励必将伴随企业成长的每一个阶段，体现出多阶段、多对象和多平台的特点，扎实开展、共同前行。

第二节 第二剑：长短结合

在这个时代，企业与个人面临的环境，几乎同时呈现出矛盾而有趣的双面性：既机会良多，又缺乏保障；既充满希望，又感受压力；既渴望竞争，又希求平静……因此，企业家所选择的激励形式，也要做到既能脚踏实地，又能仰望星空；既要给员工眼前的"牛奶和面包"，也要给他们诗和远方。

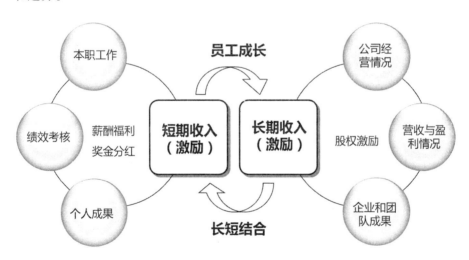

图 2-2-1 短期激励与长期激励关系

短期激励自有其价值和意义。当员工关注任务和本职工作，取得良好的 KPI 考核结果，形成了不同的个人工作成果后，他们当然希望马上得到回报。因此，企业需要及时以现金激励、短期利润的分红激励为主，满足员工的短期利益需求。

然而，只有短期激励，是远远不够的。这种短期激励对只关注眼前利益的员工是有效的，但对于部分高级人才、已经实现财务自由、关注自身长期价值实现的外部人才，吸引力是不够的。因此，想要让激励更有效果，必须将短期激励和长期激励充分结合，发挥各自优势，形成共振效应。

在前海股权事务所、中力知识科技为浙江某科技公司打造的股权激励计划中，就体现出了长短期激励结合的特点：

浙江某科技公司是专业从事互联网技术与信息服务、提供教育行业信息化整体解决方案的高新技术企业，也是全国最大的中小学学业测评及解题视频服务商。公司成立以来发展迅速，引进了大量管理和技术方面的优秀人才，建立了一套工资、奖金收入分配体系。

经过前期调研，我们认为，为了适应公司的战略规划和发展，对该企业的核心团队加以构建和巩固，需要对企业的产权关系进行重新确认和调整。因此，该企业实施股权激励的重点，不只是单纯为了重新分配企业的现有财富，而是为了让公司创业者和核心骨干人员能够分享公司未来的成长收益，增强公司股权结构的长期吸引性与包容性，让企业的核心团队具有更强的凝聚力，从而更好地发挥能力。

因此，我们为该公司设计了一套以股份期权为主的多层次长期激励计划。其中，授予对象为高管层和管理、技术骨干共十余位，激励方式主要以股份期权激励为主，即指该公司授予上述激励对象在未来一定期限内，以预先确定的价格和条件购买本公司一定数量股份的权利。激励对象在达成行权条件后可以行使这种权利，但不得转让、抵押、质押、担保和偿还债务等。

根据上述原则，我们给出的激励方案规定，到 20×× 年 × 月 × 日之前，公司业绩达到 ×××，且激励对象能够达到考核条件，即按照规则约定授予激励对象相应股份。通过这一方案，该公司充分完善了自身股权激励体系，不仅实现了利用现金与分红进行短期激励，还以股份期权激励方式，强化了员工对公司长期发展的期待。

需要注意的是，短期激励和长期激励两者之间并不矛盾，而是要充分结合、相互弥补，从而发挥积极效果。一个优秀的企业，既能在员工业绩突出时给予短期激励，也能结合企业发展现状和目标，设定长期激励。同时，在企业不同发展阶段，短期激励和长期激励的侧重也有所不同，当企业以短期业绩或市场份额的提升为导向时，应该以短期激励为主；当企业具备科学的顶层设计和长远规划时，同时员工看好企业未来的发展，则应该以长期激励为主。

第三节　第三剑：开放动态

股权激励并不是一劳永逸的固定化分配方式，而是有进有退、有增有减的灵活体系。如果没有合适的进入机制，就可能造成被激励者不珍惜所得到的股份，后来者则看不到希望、得不到机会。同样，没有合理的考核和退出机制，也会给企业未来埋下定时炸弹。

在建立动态化股权分配体系时，企业必须明确激励计划的进入机制、考核机制和退出机制，如图 2-3-1 所示。

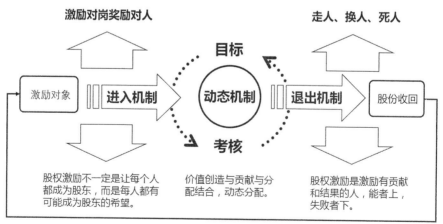

图 2-3-1 股份内部流动示意图

股权激励才能上升到战略高度发挥作用，有希望成为公司的股东，这样更有利于留住有潜力的人才。

通过考核机制可以动态地分配激励对象的股权数量，实现贡献与回报成正比。完不成目标激励额度下降或取消，如果超额完成目标激励额度上升。激励对象考核不合格得不到激励的股份。

退出机制保障股权给到能为公司真正创造价值的人。激励对象达不到要求、辞职或被辞退，甚至违反公司红线，股份必须回购，人走了股份要留下，这些股份可以用于激励其他为公司创造价值的人。

随着时间的推移，激励对象动力不足，激情不再的时候，企业应该持续推出激励计划，以保证激励对象有持续的激励。企业不断有新员工、优秀人才加盟，如何留住他们，也需要企业持续推出股权激励计划。

第四节 第四剑：公平基础

每个人都有梦想,那么员工的梦想是什么呢？是财富、事业还是名誉？其实，比这些更为现实的，是他们对公平的渴望。

对公平的追求，引导着员工从懵懂无知的少年，一路在学习考试的竞争中披荆斩棘，进入高等学府学习深造；是对公平的渴望，让员工甘于从最基础的工作做起，不断努力为企业创造业绩。同样，股权激励落地过程中，也要凸显门槛公平的要素，确保多方参与、分配合理，从而换得员工心灵的支持和共鸣。

然而，在股权激励实践中，经常出现不公平的现象。这种不公平并非少数员工口中关于结果的"不公平"，而是机制上的不公平。

例如，股权激励必须对受激励员工的岗位价值、个人价值、历史贡献、未来成果设立门槛，确立筛选条件，而不是由企业家随意指定。但在一些企业的股权激励过程中，应该获得股权激励的人，甚至没有参选的条件，而不该获得激励的人，却得到了不少好处。这样的机制不公平，最终会让真正付出的员工感到心寒。

出现机制上的公平问题，重点原因在于两方面：

一是股权激励进入门槛和额度欠缺公平性和科学性。

例如，同样属于被激励的员工，有人获得 50000 元的收益，而类似职位的同事却得到 100000 元的收益，而且并没有明显的考核依据。这样，将会直接造成未来股权收益的不平衡，形成分配利益的不对等。这种差距的原因，如果不加以具体的解释，就会导致许多员工虽然获得了形式上的激励，但内心并不会对企业家和企业感恩，反而感到气愤。类似的激励机制，只能产生负面作用，甚至不如不去激励。

二是激励机制的设立中，没有行之有效的监管体系和管控机制，导致股权激励对象并非通过自身努力获得股权的收益，而是通过规避必要的限制，以貌似合规的方法获取利益，最终损害企业整体利益。

相应地，想要解决股权激励落实中的公平性问题，企业家必须正面回答下面的问题：

第一，谁能得到股权？

第二，得到多少股权？

这两个问题的答案，分别对应了股权激励进入门槛和分配额度的公平性原则和激励性原则，直接决定了股权激励的机制是否公平、获得的回报与贡献是否公平。

当企业家就上述问题提出解决方案后，不仅要获得股东与高管的认同，更需要获得全体员工发自内心的认可与拥戴。因此，一份股权激励方案的出台，需要由多方参与，其设计、讨论、修改、公布的过程，不仅需要经由股东、高管的同意，还应该征求激励对象的意见，交由第三方专业团队进行合理评估并提出意见。这样，股权激励方案才能确保在机制上是公平的、完善的，能够代表整个企业的利益，也能让全体员工感到有希望、有奔头。

此外，在公布股权激励方案之前，企业应制定与股权激励相匹配的考核制度。或许大部分企业本身确实建立了较好的考核体系，但企业家必须意识到，从股权激励方案实施的那一刻开始，员工对考核制度的看法已经有所改变。考核将不只是决定他们短期收益的工具，同时也会改变他们的长期收益，决定着他们是否能拿到股权。因此，对考核制度的改造，需要体现出股权激励的要求，让考核来决定门槛和分配额度，体现出应有的公平。否则，就很容易产生二次分配不公的问题。

一个成熟完善的股权激励方案，通过设计和落实，能让员工从"要我干"到"我要干"。无法确保整体公平的股权激励方案，将难以发挥作用，反而会造成企业资源的浪费。

第五节 第五剑：系统关联

在商业历史上，我们很难找到单独以股权激励机制去获得成功的企业，恰恰相反，真正成功的企业，都是将股权激励纳入到企业的战略系统中，使之为整体目标服务。这样的股权激励，是一个完整的激励与约束系统，它是公司治理机制的重要组成部分，也是必须构建的人才管理机制。同时，股权激励体制还涉及公司顶层设计、人力资源体系相结合，如图 2-5-1 所示。

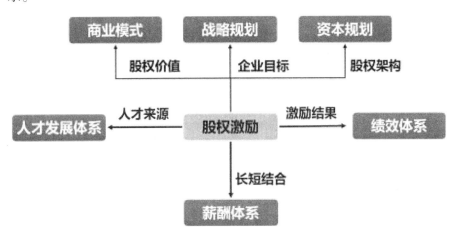

图 2-5-1 股权激励保障系统

1. 结合公司顶层设计

股权激励并不是单纯由企业家和员工签下的协议而已，如果企业家持有类似观点，只会导致股权激励的效果被压缩到最低，难以凸显其应有的战略意义。与此相反，只有将股权激励和企业商业设计、战略规划、治理设计、组织规划、产融规划等多方面的长远计划联系起来，让不同战略系统相互打通，有进入机制可以给员工成长的机会，并催生各种激励效果。

例如，在下列情况下，企业对激励对象的考核目标，应伴随企业战略规划而共同上调：政府加大力度对本企业所在行业的发展，提供政策优惠或资金补贴；企业为了加速发展，吸引到风投资金；企业获得大客户或大项目订单，投产了新的生产线。

这样的规划角度，意味着股权激励不是孤立和割裂的，而是归属于整个企业的战略系统之内。当战略改变时，股权激励的具体方式和内容也会随之发生改变，并通过自身转变，帮助企业家更快地达到战略目标。

2.结合公司人力资源体系

股权激励的对象，同时也是企业人力资源管理的对象。因此，股权激励只有结合人力资源体系，包括薪酬、激励、员工职业发展、职位管理等体系，才能发挥其应有的价值。

与股权激励有关的人力资源管理工作，主要包括下面几点：

（1）人才发展系统

通过有计划的设计搭建人才梯队，并对人才的发展给出方向、路径，提供必要的技术和资源的支持，提供学习成长的机会，以达到对人才的培育与牵引提升的目的。人才发展属于人才管理的一个部分，人才发展主要包含：学习与发展、职业规划、继任者管理等。企业如果建立了系统的人才发展体系，通过这种持续的人才管理，可以筛选出合适的激励对象，做到激励的公平性。

（2）薪酬体系优化

我们的研究表明，人才流动频繁并消耗大量成本，是当前企业尤其是中小企业发展滞后的关键问题。因此，企业需要建立一整套完善的激励机制，作为人力资源管理的重要工具。为此，激励机制的运用方式不能过于单一，例如不重视人才的长期激励，忽视企业人才激励多样性，或者激励随意性强同时缺乏法律保障等等。

将股权激励融入企业整体激励体系中，应该着眼于有效解决企业发展过程中的上述问题。采用股权激励与现金激励、精神激励、学习激励、竞争激励、危机激励等方式，使其相互弥补、相互作用，就能够在企业发展不同阶段，统一员工的思想、观念和行为，促使他们努力工作，共同为企业的发展贡献力量。

（3）绩效考核系统

在股权激励开始之前，先行建立岗位职责体系、绩效考核系统等，对激励对象的工作起到考核、监督与约束的作用，从而通过绩效考核实现对激励对象可行权股份进行动态调整，为股权的分配提供量化的依据。

第六节 第六剑：规范保障

"凡事预则立，不预则废。"企业在落实股权激励的过程中，需要考虑很多因素，并非简单按想象中的激励进程亦步亦趋就能高枕无忧。想要真正获得扎实的流程保障，企业家需要从法规层面找到制度的依据，以此来得到保障，确保将股权激励的风险降到最低。

根据企业性质的不同，可以选择不同的法律法规，为股权激励实施提供保障。

一般而言，非上市公司应主要利用《公司法》《合同法》《关于国有控股混合所有制企业开展员工持股试点的意见》《股权转让所得个人所得税管理办法（试行）》作为股权激励方案制度的参照。如果是拟上市的股份公司，则还需要结合公司上市规划，保证程序的合法合规。

对于挂牌企业，需要遵守的法律法规包括《公司法》《证券法》《全国中小企业股份转让系统业务规则（试行）》《非上市公众公司监督管理办法》《企业会计准则第 11 号——股份支付》《企业会计准则第 22 号——金融工具确认和计量》《国家税务总局关于我国居民企业实行股权激励计划有关企业所得税处理问题的公告》等。

在 A 股上市的公司，股权激励需要参考的主要法律法规有：《上市公司股权激励管理办法》《国有控股上市公司（境内）实施股权激励试行办法》《关于上市公司实施员工持股计划试点的指导意见》等。

在国外上市的公司，需要参考上市地点各国或地区的相关法律法规。

同时，企业还应兼顾相关法律法规对股东权益的保障条款。

例如，《公司法》第三十三条规定，"股东有权查阅、复制公司章程、股东会会议记录、董事会会议决议、监事会会议决议和财务会计报告。股东可以要求查阅公司会计账簿。股东要求查阅公司会计账簿的，应当向公司提出书面请求，说明目的。公司有合理根据认为股东查阅会计账簿有不正当目的，可能损害公司合法利益的，可以拒绝提供查阅，并应当自股东提出书面请求之日起十五日内书面答复股东并说明理由。公司拒绝提供查阅的，股东可以请求人民法院要求公司提供查阅。"

此外，绝大多数企业家都清楚法律保障对股权激励的重要性，但对公司章程的作用却了解欠缺。根据《公司法》第四十二条规定："股东会会议由股东按照出资比例行使表决权；但是，公司章程另有规定的除外。"该法规明确赋予了公司章程的重要作用，而企业在注册时，却往往只是根据范本去起草章程，对股东会内部的权利义务和责任，都没有明确约定，以至于失去了对股权激励制度的约束作用，很难防范与解决实际问题，从而影响股权激励健康实施。为此，当企业需要以实股方式去实行激励时，应该考虑引入专业的第三方机构，到企业内部进行调查，根据股权激励方案完善优化公司章程。

第七节 第七剑：精神文化

股权激励想要顺利落地，既要有外在的方法体系和法律保障，也离不开精神内核的支撑。股权激励所追求的终极目标，在于打造一支拥有共同愿景、共同价值观、共同精神追求的合伙人团队，并培养他们的合伙人精神，如图 2-7-1 所示。

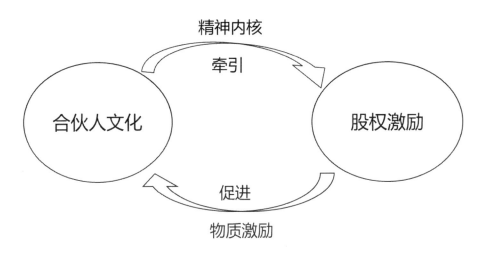

图 2-7-1 股权激励与合伙人精神

那么，如何通过股权激励培养合伙人精神呢？

首先，股权激励的成功，需要改变员工的既往认知。在"认知为王"的时代里，人力资源管理也概莫能外。有人甚至指出，对人才的激励，实际上就是对人才认知的引导和塑造。想要引导员工的认知，就要利用股权激励，以共同的梦想去激发员工心中的欲望和潜能。如果你不懂你的员工在想什么，你自然无法成为优秀的企业家，你的企业也难以通过股权激励获得提升。

大多数员工在其职业生涯中，毕竟没有了解过多少股权激励的知识，甚至从未想到过获得公司的股权。从股权激励方案实施者角度来看，企业家也没有理由对其认知体系提出更高要求。但正因如此，企业家又不能放任自流，听任员工对激励方案冷漠对待。相反，在方案形成后，企业家需要充分加强宣传，让员工充分了解股权激励的内容，理解股权激励的目的，详细分析企业未来经营业绩下股权能带来怎样的收益，并阐述企业未来发展路径。这样，才能改变员工的想法，让他们愿意以股权激励的方式，成为企业合伙人，并获得可能带来的收益。

其次，股权激励需要为员工带来充足的获得感。员工是否能通过股权激励，真正形成合伙人精神基础的价值观，取决于他们是否能通过股权激励得到充分的收获。这种收获一方面来源于金钱带来的物质层面收入；另一方面则来源于事业带来的精神享受。因此，企业家需要根据激励对象的不同，采取相应策略，向他们分别侧重宣传股份数量、股份价格等内容，同时在激励方案中予以体现。

很多情况下，虽然方案中的股份占比、价值、投资资金等关键内容都没有变化，但方案形式的改变，就会给员工带来天翻地覆的心理感受区别。当然，在一项股权激励计划落地的过程中，也可能有其他因素影响员工的获得感，企业家应该及时发现他们心理感受的变化，引导他们通过股权激励，对企业价值和自身角色产生积极的认知。这样，才能逐步培养员工的合伙人精神。

股权激励的实施，本身虽然属于长远经济利益的分配，但企业家并不需要时时刻刻将之同金钱捆绑在一起。其实，通过股权激励，完全可以让员工了解和分享企业家创造企业的初心所在，让他们读懂企业的梦想和愿景。在这样的感召下，股权激励平台就不再只是枯燥数字所代表的利益分成，而是象征着企业家与员工有了共同的梦想平台。在这个平台上，企业家寻觅着核心员工，而出色的人才又追求着能够发挥才能的宽阔舞台，当两者真正相遇，自然会走在一起，并长期同行，让企业变成所有人的精神家园，让每个人都可能通过股权激励，而成为企业的合伙人。

第三章

股权激励"十定"操作法

股权激励的形式与工具多种多样，不同企业也有着不同的操作方法。在多年的实践中，前海股权事务所、中力知识科技通过对大量企业的股权激励案例进行归纳总结，形成了股权激励方案制定"十定"操作法（也称十步法），即通过十个步骤，一套股权激励方案就能够得到有效实施。在实践中，"十步法"已经得到了充分的检验，并且卓有成效，如图 3-0-1 所示。

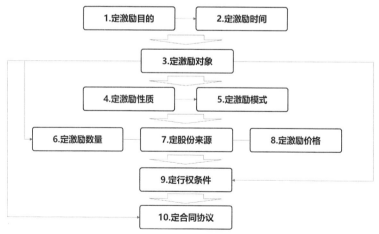

图 3-0-1 股权激励"十步法"

第一节 定目的：为什么要做？

一套科学、完善的股权激励方案如果能在企业落地，对企业的影响将是巨大的。其最大的影响，在于实现企业家的初心：当企业达成发展目标后，让企业内重要成员共享回报，同时让其他成员看到努力工作的希望，并以更高的社会价值进行引领。树立这样的目的，股权激励才能师出有名。

为了实现长远目的，需要在实施方案之前确定股权激励的短期目标。通过确定目的和目标，企业从上到下都能看清发展方向，避免股权激励流于形式的同时，也能让企业获得新的发展动力。

上市也可作为股权激励重要目标之一，但并不是唯一目的。如果将"上市套现"当作股权激励唯一目的，那么企业上市成功之后，员工将有可能急于套现退出，会失去继续奋斗的动力。

股权激励的目的，必然关系到企业长短期的发展规划，通过股权激励服务于企业的实际需要，解决现实中存在的问题。这些需要通常包括如下几种：

1. 吸引、留住人才，即如何通过股权激励，招揽优秀的人才加入，同时避免企业被竞争对手超越。比如阿里巴巴运用股权激励，留住了大部分优秀人才及核心高管。

2. 与核心层形成长期利益捆绑，激励业绩提升。比如《乔家大院》中乔致庸以身股的方式绑定掌柜的和优秀的伙计，激励他们不断地提升业绩，最终打造了富可敌国的商业帝国。

3. 打造真正自动自发、目标一致的核心团队。例如华为的虚拟受限股激励，让华为插上了高速腾飞的翅膀。

4. 提升及规范企业治理水平，靠机制解放企业家，实现企业经营权和所有权的有效分离。

5. 通过股权激励可以有效地规避职业经理人的短期行为，在追求当下企业利益最大化的同时，兼顾企业的可持续发展，不以牺牲长远发展为代价来追求眼前利益。

6. 避免大量现金支出。不少公司希望用高薪去吸引人才，但高薪酬会直接导致公司成本的增加，也会影响到公司的估值，如果将薪酬支付方式改为股权激励，就能大幅减少企业现金支出，保持健康的现金流。

7. 以股权激励整合产业资源，结成合作联盟，打造产业链的共赢格局，例如泸州老窖成功运用股权激励整合、激励下游经销商，缔造了 "国窖 1573" 这个高端白酒品牌。

第二节　定时间：什么时间做？

股权激励方案在时间上的安排，首要考虑的是激励的时机选择，要结合企业目前所处的发展阶段是否适合进行股权激励，以及这个阶段股权的核心价值是什么，在此基础上再确定股权激励的激励时机、激励周期、激励时间等。

1.激励时机。首先，当企业的商业模式有重大调整、推出新的战略规划时，需要配套相应的股权激励以激发团队积极性，共同达成公司战略；其次，当公司业绩有较大提升、取得重要成果时，也可以考虑进行股权激励；再次，如果准备进行股权融资，引进投资人，那么，此时实施股权激励也将对提高投资人信心产生积极作用；最后，在并购重组时，如果是本方并购其他公司，重组过程中，为了消除两家公司原有员工的矛盾，股权激励也是一种行之有效的方案。

2.激励周期。通常情况下，股权激励在授予后并不能马上行权，而是要经过等待期或者考核期才能行权，从授予激励对象股份到激励对象全部行权完毕，这期间就是一个完整的激励周期。从企业家角度来看，激励周期长度越长越好。因为激励周期长，对激励对象的捆绑时间就越长，对他们的约束性就越强。然而，从经理人角度来看，激励周期越长，其未来行权风险就越大，激励也就越小。因此，激励周期必须在方案中体现出充分平衡。从实际操作中看，对激励对象实施的股权激励一般分多次进行，单次股权激励有效期通常设为 5 年左右。

3.激励时间。包括授权日、可行权日、失效日、有效期、等待期、行权期、窗口期、禁售期等。

（1）授权日是指公司向激励对象授予股权激励的日期。对上市公司而言，授予日必须是交易日。

（2）可行权日是指激励对象可以开始行权的日期。

（3）失效日指的是过了这一天，如果激励对象尚未行权，股权激励计划就只能作废，不得再行权。

（4）有效期又称为股权激励执行期限，是指从授予日到失效日的整个时间跨度。在确定股权激励方案时，必须明确期限。

（5）等待期。从授权日到最早可行权日的时间，称为等待期。在这段时间内，激励对象必须等待，而企业也能由此收获将对想长期捆绑的激励效果。

（6）行权期。从可行权日开始到失效日，都属于行权期。

（7）窗口期和禁售期。窗口期主要是指上市公司的激励对象的行权日期，是法律监管条款特别设置的。禁售期同样属于法规设置，强制规定激励对象行权之后，必须持有一段时间之后才能出售。

第三节 定对象：激励哪些人？

任何股权激励，确定激励对象和相关标准都是非常重要的环节之一。激励对象与激励目的、激励模式的选择都息息相关。然而，企业家经常陷入迷茫：我究竟应该激励谁？

其实，具体激励谁，是股权激励设计首要考虑的问题。对此，企业不能凭借企业家或股东的喜好选择，更不能根据每个员工的自我评价确定，因为每个人都难会掺杂着个人情感和主观判断，这些都难保公平公正，也会有所偏颇：企业家也有观察和认知上的缺陷，员工更是认为自己的工作很重要，在实际操作中难以区分对象的不同价值和贡献。

此外，无论企业大小，总存在工作性质和范围完全不同的岗位，即便是同一职务级别（例如各部门经理），他们对企业创造的价值都不一样。甚至还有些员工虽然岗位职务级别不高，却能给企业创造很大贡献。

总体来看，企业需要激励的对象可以分为内部人才和外部资源，其中内部人才包括核心高管、核心技术人员、营销团队等关键岗位；外部资源如供应商、代理商等业务伙伴，以及专家顾问、资源方等，如图3-3-1所示。

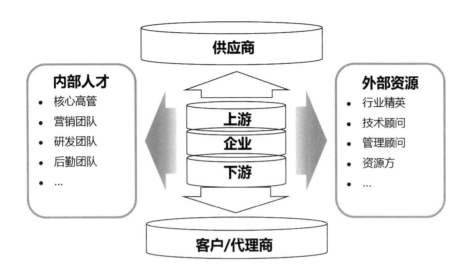

图 3-3-1 股权激励对象

面对这些对象，只有正确评估企业所处阶段，衡量个人或岗位的价值，才能保证选择正确的激励对象，使激励目的顺利实现。

确定激励对象时，上市公司和非上市公司有选择范围上的差异。

其中，上市公司的激励对象选择，有以下条件限制：

1.上市公司的董事、高级管理人员、核心技术人员或者核心业务人员，以及公司认为应当激励的对公司经营业绩和未来发展有直接影响的其他员工，但不应当包括独立董事和监事。

2.在境内工作的外籍员工，如任职上市公司董事、高级管理人员、核心技术人员或者核心业务人员的，可以成为激励对象。

3.单独或合计持有上市公司 5% 以上股份的股东，或实际控制人及其配偶、父母、子女，不得成为激励对象。

4.激励对象不能同时参加两个或以上的上市公司股权激励计划。

5.下列人员也不得成为激励对象：

（1）最近 12 个月内被证券交易所认定为不适当人选；

（2）最近 12 个月内被中国证监会及其派出机构认定为不适当人选；

（3）最近 12 个月内因重大违法违规行为被中国证监会及其派出机构行政处罚或者采取市场禁入措施；

（4）具有《公司法》规定的不得担任公司董事、高级管理人员情形的；

（5）法律法规规定不得参与上市公司股权激励的；

（6）中国证监会认定的其他情形。

在新三板企业中，监事、独立董事，都能够成为激励对象。而一些上游供应商有时候也可以作为激励对象。而对于非上市公司，除《公司法》规定的不适当人选外，没有特殊限制，企业完全可以根据激励目的和人才需求进行确定。

第四节 定性质：给什么权利？

在拟定股权激励方案过程中，确定性质是非常重要的步骤。只有企业家明确了采用何种性质股份进行激励，整个方案的设计架构才会健康合理，方案实施才会更加顺利。

为了让股权激励产生更好效果，企业家需要清楚股份性质的区别。从最大范围来看，股份性质分为两种：

1. 实股。

实股性质的激励，是指公司将一定份额或数量的股权，采用直接授予、分批授予、按期限授予等，通过原股东股份转让或者增资扩股的方式，使激励对象持有公司股份。这类股份由企业按比例或数量发放股份登记证书，在工商局办理股权变更登记手续。实股股东依法享有股份的分红权、表决权和股份的所有权等。

2. 虚股。

在激励实践中，企业通过向核心员工授予虚拟股份，确保他们能够据此享受公司利润的分红权和股份增值收益权，但这类股份的所有者一般不享有对公司的表决权和所有权。此外，虚拟股票也不能转让、出售、抵押、担保，激励对象不得就该股份进行处理，激励对象离开企业时该股份自动失效或被公司收回予以注销。

虚拟股权激励步骤简单，不会对影响控制权和资本结构产生影响，相对来说，虚拟股权激励所要花费的现金支出较大，有可能会影响到企业的现金流。另外，采用何种标准去考核获得虚拟股的被激励对象，也考验着企业领导的管理智慧。

　　总体而言，企业采用何种性质的股权进行激励，需要结合企业激励目的、发展阶段和具体条件，进行有针对性地选择与设计。

第五节 定模式：用什么方法？

不同的激励模式各有其优缺点，没有孰优孰劣的区分，而是各有其适用范围。如果抛开企业实际，盲目强调长期激励或短期激励，都是不恰当的，也可能达不到激励的目的。因此，与其将不同模式看作唯一选择，不如将之看作通用零件，企业可以从中选择出必要零件，组合成为最适宜自身的激励模式。

评价股权激励模式的特性，可以从短期或长期激励性上进行分析。短期激励性是指激励对象通过该模式，能在短期获得收益；长期激励性则与之相反，指激励对象可以在较长时间内获得收益。

在常见的激励模式中，分红股、业绩股票、虚拟股等属于短期激励性质；股票期权、限制性股票、实股等属于长期激励性质。另外，股票增值权、员工持股计划等兼顾短期激励与长期激励。

一个理想的股权激励方案，其特性表现应该是：兼顾短期激励与长期激励，同时具备较强的激励性与约束性，且不会给公司带来较大的现金支付压力。

实际上，任何一种单纯的激励模式都很难同时满足这些要求，这就要求企业设计股权激励方案时，可考虑多种模式组合。

在股权激励方案落地过程中，影响方案因素很多，一般需要考虑以下因素：

1. 企业股权性质。

对于国有企业，在激励方案中要强调保值增值，避免国有资产流失的问题。因此，诸如业绩股票、延期支付、股票增值权、员工持股计划等激励模式比较适用。

对于上市的民营企业而言，则以股票期权和限制性股票为主流激励模式。

对非上市民营企业而言，可以结合多种激励模式组合适用，比如将短期激励为主的分红股激励和关注企业长期价值的期股期权激励组合使用，既可以满足短期的员工分红需求，也可以兼顾员工长期与公司共同发展，保障价值一致的需求。

2. 行业特性。

不同行业的特点，也对股权激励模式的选择有一定影响，大致可以通过两大因素进行判断：企业业绩对人力资本依附性是否较高，企业的成长性如何。

如果对人力资本依附性较强，人均创造财富较多，且依赖于人的主观能动性和人的工作技能，那么股权激励方案的针对性不能局限在管理层，必须扩大到核心的业务及技术骨干员工，最大限度锁定、保留和激发这部分人才。

3. 企业的发展阶段。

企业所处的发展阶段不同，适合的股权激励模式也不同。如企业表现出较强的成长性，那么超额利润分红、虚拟股份、在职分红股等激励效果较为明显；如果企业较为成熟，那么选择股票增值权、期权、期股等较为适合。

除了上述影响因素之外，企业股权结构、激励对象、企业规模、盈利状况等，也是激励模式选择时需要考虑的重要因素。只有尽量细致考察每种因素的影响，企业才能让方案更加科学有效。

第六节 定数量：用多大额度？

要让股权激励计划落地，就必须提前确定激励额度。其中包括企业应该给激励对象多少股份、每个激励对象应该具体拿多少。只有定好额度，企业才能在方案实施前对激励效果进行提前评估，在方案实施中进行必要调整。因此，定额度不只是出于成本和收益的考虑，而是出于对整个股权激励计划效果的考量。股权激励额度包括激励总额度和激励个体额度分配。

一、股权激励总额度确定

上市公司股权激励总额度有上限要求，其全部有效的股权激励计划所涉及的标的股票总数，不得超过公司总股本的 10%。国有控股上市公司的股权激励计划有效期内授予的股权总量，累计不得超过公司股本总额的 10%，首次股权授予数量，应控制在上市公司股本总额的 1% 以内。此外，股权激励计划有效期内授予的股权总量，应结合上市公司股本规模的大小和股权激励对象的范围、股权激励水平等因素确定。

非上市公司的股权激励总额度，法律并没有强制规定，企业可以根据需要自由设计。

设计股权激励总额度时需要考虑的因素，如图 3-6-1 所示。

股权统筹布局。由于股权激励涉及公司现有股东股权的稀释、权利的让渡，因此，在设计激励总额度时，也需要考虑到股东的意愿，这就与股东的分享精神与格局有关，当然也要充分结合股东股权控制权，以免过度稀释原有股东股份，而过早造成股份分散，无实际控制人的情况。

企业的整体薪酬水平。企业在确定股权激励总额度时，需要考虑公司整体薪酬水平。如果公司整体薪酬水平比同行业公司高，则激励总量可以减少。如果公司整体薪酬水平比同行业公司低，则激励总量可以多一点。

业绩目标的难易程度。如果业绩目标较高，达成目标难度较大，股权激励的总额度就相应提高。如果业绩目标达成难度较小，激励对象付出的努力较少，那么股权激励总额度可以适当减少。

激励范围与人数。激励范围较广，人数较多，则相应的激励总额度要大一些。

激励对象期望。激励对象对激励额度都有一定的期望，企业在制定股权激励方案时，要考虑他们的期望，否则可能导致激励不足或激励过度。

图 3-6-1 股权激励总额度考虑因素

二、股权激励个体额度确定

前海股权事务所、中力知识科技针对个体激励额度确定研发了"中力3P"分配机制，如图 3-6-2 所示。3P 指的就是岗位因素（position）、个人因素（people）和绩效因素（performance）三大分配因素。我们认为，结合我国中小企业激励现状，激励既要考虑岗位因素，也要考虑岗位上任职者的因素。岗位因素、个人因素和绩效因素决定可以授予各个激励对象的股份额度。将东方的人文管理和西方的科学管理结合，将过去的贡献，现在的身份及未来的价值结合。

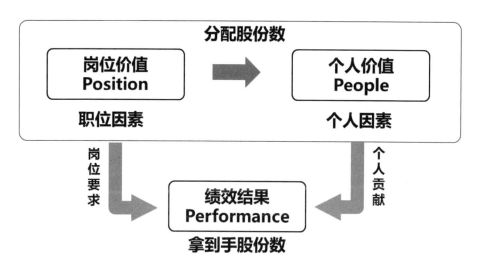

图 3-6-2 "中力 3P"分配模型

1. 岗位因素（position）

岗位因素即岗位的价值贡献，主要以岗位价值评估的方式进行。是指在工作分析的基础上，采取一定的方法，对岗位在组织中的影响范围、职责大小、工作强度、工作难度、任职条件、岗位工作条件等等特性进行评价，以确定岗位在组织中的相对价值，并据此建立岗位价值序列的过程。它是评价人员根据岗位价值模型的评价标准，对各岗位完成岗位职责而且对企业贡献价值的大小进行分析和量化评估的一种管理活动。

常用的方法有 IPE 岗位价值评估法、海氏岗位价值评估法、岗位分类法、简单排序法、配对比较法、交替排序法、岗位参照法、分数分析法、因素计分法等，应根据企业的实际情况选择最适合的评估方法。

2. 个人因素（people）

个人价值评估的维度有很多，包括工龄、历史绩效、能力素质、责任心、价值观认同度等。不同的企业可以根据自身的情况设计评估方法。具体操作分为三个步骤：首先，我们要选定企业最关注的几个评估因素，对不同的评估因素评分标准进行定义赋分；然后对各个因素赋予权重；最后，通过数据的录入和处理计算每个人的加权得分作为个人因素得分。

当我们计算出每名激励对象岗位因素和个人因素得分后，通过数据处理，我们可以得到激励对象的评估总分，以此作为激励对象之间股权分配的重要依据。

3. 绩效因素（performance）

绩效因素决定激励对象获授股份最终可行权的股份数量。在实际操作中，我们一般使用公司现有的绩效体系进行绩效评价。绩效指标通常由三个层面组成，分为公司级指标达成率、部门级指标达成率以及个人指标达成率，根据激励岗位层级和承担管理责任的不同，分别设置各级指标的权重，最终通过绩效成绩计算加权得分。公司级绩效指标通常包括公司营业收入、净利润、净资产收益率等指标，部门级指标通常包括部门经营计划的完成情况，并从工作任务中挑选出部门的绩效考核指标；个人级指标通常从工作任务、岗位职责、流程节点等方面进行制定。

第七节 定来源：股份从哪来？

定来源，指的是确定激励股份来源问题。不同的股份来源，将直接影响到企业原有股东的权益摊薄的幅度。股份来源从根本上说有两种：一种是原股东转让；一种是增资扩股。股东转让时，激励对象的认购资金给到转让方股东，若股份有增值，则转让方会涉及所得税，但不会稀释其他股东方的持股比例。增资扩股的方式，所有的股东同比稀释，激励对象的认购资金给到公司，不会涉及所得税。一般股权激励采取增资扩股的方式。

上市公司用于激励的股份来源相对多样化，包括：

（1）上市公司回购本公司股票；

（2）二级市场购买；

（3）被激励对象认购非公开发行股票；

（4）股东自愿赠予；

（5）法律和行政法规允许的其他方式。

此外，新三板企业采取定向增发方式，每次定增人数上限为35人。

第八节 定价格：以什么价格？

定价格，即确定股权激励的价格，如股票期权的行权价格、限制性股份的购买价格。一般非上市公司做股权激励时，重要的参考对象是净资产和外部投资者进入价格。

1. 资产价值定价法。包括净资产定价法，即先计算出公司净资产进行定价；总资产定价法，综合考虑企业销售收入、净利润和净资产，计算总价值，设定总股本，最后用总资产除以总股本得到行权价格。无形资产定价法，即不仅要计算公司有形资产，而且要预估公司无形资产。通过赋予企业有形资产和无形资产的不同权重，计算总资产，确定股权激励价格。

2. 市场对比法。参考上市公司股价法。可以选择几家与非上市公司情况类似的上市公司，参照其净利润、净资产或销售收入等计算出市盈率、市净率、市销率作为股价指标。根据本公司的相同股价指标推算股价，确定股权激励价格。

3. 协商价格法。由公司确定价格并与激励对象进行协商确定，取得激励对象认可。这种方法的好处在于较为自由、平等，但转让方通常会处于劣势，并可能损失一部分利益。

4. 出资额法。以公司工商注册登记的股东出资额，作为股权激励的价格。

5. 评估价格法。以对企业资产进行审计和评估的结果，作为价格依据，计算股权激励的具体价格。这种方法比较科学严谨，也能反映企业股权未来的价值变化，唯一的缺点是审计和评估需要聘请专业团队，成本较大。

6. 约定价格法。即出让方和被激励方按照事先约定好的价格或者计算方式，完成股权转让。

非上市公司股权激励定价相对比较灵活，可根据企业实际情况进行设定，但若价格相对较低时需考虑股份支付的问题。上市公司的股权激励价格有严格要求，不同模式定价不同，没有太大的发挥空间，按照相关规定执行即可。

第九节 定条件：怎样才得到？

激励对象只有在一定条件的限制下，才应该得到相应股权。如果没有设置合理的行权条件，股权激励就会变成福利，失去了股权激励的本来意义。为了让股权激励真正落地，必须要提前确定条件，并使之发挥作用。

一、基本条件

不同企业的状况不同，因此用于激励的条件也各不相同。一般情况下，股权激励需要企业表现符合以下两个基本条件：

1. 经营目标。财务数据应该高于行业平均水平。例如，行业平均净利润代表了行业正常发展水平，实施股权激励是为了激励团队提高战斗力，超越一般水平。因此，许多企业在实施股权激励方案时，都将超过行业平均净利润指标定为基本条件。其他财务指标的确定条件，也同样如此。

2. 公司战略达成情况。战略目标是公司愿景的具体化，其中包括经济目标、非经济目标；既包括定性目标，也包括定量目标。企业应根据自身发展特点，明确战略目标具体内容，对考核标准进行细化和量化。通过设置具有挑战性但又能够实现的业绩指标，作为股权激励的条件。

此外，股权激励计划是否能够达到行权条件，其标准还应包括反映股东回报、公司价值的综合性指标，例如股东权益回报率、每股收益、经济附加值等。

二、个人约束条件

个人约束条件分为两方面：一方面是股权激励计划的授予条件；另一方面是激励对象的行权条件。

1.授予条件，是指授予激励对象股份时，激励对象必须满足的条件，包括职务、工龄、绩效结果、工作表现、态度价值观等一系列评价标准，最终还需要通过董事会或股东会批准同意方可参与股权激励计划。

2.行权条件，是指授予激励对象的股份，激励对象对该股份行权时必须达到或满足的条件。这些条件通常都和业绩考核有关，例如，公司业绩、利润、增长率和激励对象行权期内绩效考核结果等。

为了让上述条件真正约束到激励对象，企业在进行股权激励计划时，需要与员工签订股权激励协议书，这是实条件约束的重要保障措施。

企业可以设定不同的激励和行权的条件，但并不一定需要将其中所有的指标都加以明确。企业应该根据行业特点、发展阶段，选择对企业发展影响最大的指标，制定目标值，然后将目标细化每个激励对象，纳入到股权激励考核实施管理办法中。

每年度根据激励对象的考核结果，确定其行权或解锁的股份数量，一般将考核结果对应相应的行权系数，如考核结果90分以上，行权系数为1；考核结果80—90分，行权系数为0.8；考核结果70—80分，行权系数为0.6；考核结果低于70分，行权系数为0。具体的评价标准与系数，需根据企业不同的评估体系、评价标准来进行设置。

第十节 定合同：签哪些协议？

为保证股权激励顺利实施，需要将方案沉淀下来，形成公司内部的股权激励管理制度或计划、股权激励协议等。为保证企业和激励对象双方的权益，规避相关风险，双方应在股权激励协议书上签字盖章，将双方的权利和义务落实到协议中。

在激励计划中，应制定考核管理办法作为规则并予以落实，从而公正地对公司业绩和激励对象个人业绩加以考核。考核管理办法一般包括考核目的、考核原则、考核范围、考核机构、评价指标和标准、考核期间与频次、考核程序等。

为了让激励协议顺利签署，需要提前以企业名义颁布相关文件，如《股东大会决议》、《股权激励方案》、《股权激励管理制度》等，确保激励对象提前理解和接受相关激励机制。

股权激励涉及的协议一般有《公司章程》、《有限合伙企业合伙协议》、《出资协议》、《分红协议书》、《股权激励授予协议》、《股权转让协议》、《目标责任书》、《竞业禁止协议》、《保密协议》等。这些协议可以在协议有效期内，对员工行为起到不同的约束作用，同时保障激励计划的有效实施。

第四章

股权激励三大核心机制：进入、行权、退出

股权激励的进入机制、行权机制和退出机制设置是否科学、合理，往往对股权激励的最终效果产生直接的影响：如果没有合适的进入机制，可能会造成激励对象对所得到的公司股份并不珍惜，也让没有成为股权激励对象的员工看不到希望；如果没有科学的行权机制，以"傻瓜式"的一次性股份分配模式，极易出现"搭便车"的现象，造成内部不公平和矛盾；如果没有合理的退出机制，会导致股权的"覆水难收"，让一部分损害公司利益或者绩效表现很差的员工持有股份而无法退出，影响公司发展。

进入机制，简单来讲就是激励对象进入的门槛，即满足什么样的条件才能成为股权激励对象。考核机制，是指在授予激励对象股权激励的同时，明确应满足的绩效考核条件、价值观考核条件等。权利的背后是责任，若只享受更多的权益而不承担更多的责任，就失去了股权激励共创共享的目的。退出机制，是指双方约定，在股权激励周期内甚至包括之后，当出现各种异常情况时，激励对象的股权如何退出，包括退出的方式、退出的股权价格等，避免因事先未约定，一旦出现异常情况时，双方争执不下，甚至对簿公堂，影响公司发展。

一套完整的股权激励方案，只有解决好"进""考""退"这三个环

节，才可能达到预期的效果，这三者互相关联，缺一不可。如同上大学一样，高考是进入机制，但通过高考进入了大学并不等于进了保险箱，还必须通过考试、拿到规定的学分等考核，到了毕业时，只有达到规定学分要求的学生才能拿到毕业证,若中途退学就只能拿到肄业证——最后这一步，就相当于是退出机制。

近些年实施股权激励的企业数量每年都呈现出倍增趋势，但很多企业实施股权激励以后，业绩并没有大幅度提升，优秀人才也没有因此而保留，相反的，出现了很多内部矛盾和问题。经过我们的调研分析，发现这些企业实施股权激励失败的原因，大部分都是因为在进入机制、行权机制和退出机制的设计上出了问题。

第一节 进入机制：对象分类，明确门槛

股权激励必须设定统一的、明确的进入条件，当员工满足进入条件时，就可以参与公司的股权激励计划。这种条件的设定，可以从员工的工龄、历史绩效、技能水平、业绩贡献、职务等级多个方面综合考量。股权激励不是让每个人都成为股东，而是拥有成为股东的机会，并且通过自身的努力可以迈入这种门槛。如果没有合理的进入条件，可能会造成员工对所得的股份不珍惜，没有得到股份的员工看不到希望。需要确定好企业开始股权激励的时间、激励对象、数量和价格、获得条件和兑现条件。通常情况下，企业在进行股权激励方案设定时，对这些因素都相当重视。

没设计好股权激励的进入机制，导致内部矛盾激化，成为激励对象的积极性高涨，但没有成为激励对象的则完全可能走向另外一个极端：消极悲观，看不到希望。那么到底如何设置科学、合理的股权激励进入条件，让所有员工通过一致的标准门槛获得公平的股权激励参与资格呢？这就需要对拟激励对象进行分类，然后根据不同类型制定进入条件。

过去为企业做出贡献的老员工。这类激励对象具有多年工龄，为公司的发展立下了汗马功劳，基本上现在身居要职，可考虑按照工龄、职务这两个维度制定进入条件，比如：在公司工作 10 年以上，职务级别为经理级以上的员工。

当前企业发展的核心人员。他们可能工龄不长，但正是公司的中坚力

量，针对这类对象，则需要根据其所任职岗位的重要性和激励对象的胜任能力、对企业文化的认同程度、绩效水平等因素制定进入条件。

区分不同岗位的员工。公司内部各个岗位职责不同，其工作的目标、时间安排和工作内容、工作方式、所需要的工作技能也有所不同，因此，我们首先要对岗位进行分类，在通常操作中，公司的岗位至少可以管理类（M类）、专业类（P类）、行政类（A类）和操作类（O类）四种，如图4-1-1所示。

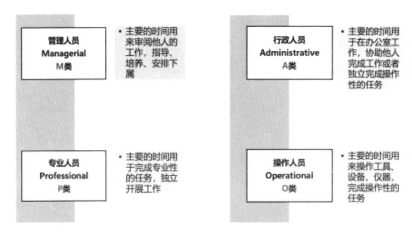

图 4-1-1 职位序列

考虑激励对象在公司的岗位价值。对各个岗位还需要进行岗位价值评估，并依据评估结果，将所有岗位划分为若干个等级，建立公司的职务等级矩阵，如进入激励对象的条件为岗位在公司职务等级7级以上。

表 4-1-1 某公司职级体系表

职务等级	M：管理类	P：专业类	A：行政类	O：操作类
11	总裁			
10	副总裁			
9	总监|事业部总经理	总工程师		
8	技术经理|项目经理	高级工程师		
7	业务经理|财务经理|人力资源经理|行政经理|工程建设经理	高级技术员|工程师		
6	物资经理|项目主管	技术员|会计		
5	施工队长|工程建设主管	投标主管|人事主管		高级施工员
4		出纳|现场管理员	工程资料专员|投标专员	工程车司机
3			项目资料专员|行政专员|人事专员	施工员|司机
2			财务文员|项目资料文员|工程资料文员|项目管理中心文员|投标文员|行政文员|人事文员	助理施工员|库管员
1				厨师|保洁

企业可根据自身的实际情况制定进入机制，如某企业的股权激励进入机制，如图 4-1-2 所示。

工龄要求：	入职满5年
职业操守：	过去3年内没有违反重大职业操守事件
过往绩效：	过去2年绩效结果优良以上
职业要求：	总监以上岗位
价值观认可：	认可和践行公司价值观

图 4-1-2 某企业股权激励进入机制

第二节 行权机制：动态调整，增减有据

某公司是机电行业的先锋企业，两位创始人能力卓越，在"机电产品+机器人"模式下发展出多种极具竞争力的机器人产品。由于两位老板能力强，企业氛围又很宽松温馨，多年来团队成员养成了"无须动脑，老板想好"的习惯，但是现在老板已经年过花甲，又无适当的后人可以接班，面对辛苦几十年培育起来的企业，如何传承以及如何持续增长，无时无刻不困扰着两位创始人！

后来公司实行了股权激励，老板本以为通过股权激励可以极大地调动员工积极性，让员工更具有责任感和担当，但3年过去了，公司的业绩反而逐年下滑，部分管理人员成为股东以后，每年都能获得可观的分红，于是开始小富即安，不思进取。老板想收回这部分人的股份，可是木已成舟，激励对象不同意老板提出的回购条件，因为股份是一次性授予，且没有设定行权期和行权条件，因此这样的股权激励方案，出现上述问题也是必然。

企业进行股权激励，出发点当然是好的，就是希望以股权为纽带，将股东和员工的利益捆绑在一起，让员工也能够以股东的身份，具有主人翁意识，勤勉尽责地为公司发展做出贡献。但如果没有科学、合理的考核行权机制设计，则很容易让一部分"南郭先生"混进来搭上顺风车，不劳而获。该如何设计考核行权机制呢？一般需要分两个层面对激励对象进行考核，并依据考核结果确定其可行权的股份额度。

1.公司层面需要设定经营目标。通常包括收入和利润，这些目标反映的是股东对企业的增长期望，也可以包括其他一些财务指标，比如ROA、ROI等，公司根据这些目标的完成情况确定授予激励对象的股份是否可以行权以及行权多少，如果实际完成情况低于公司的底线要求，则可以取消激励对象的行权资格。

2.除了所有激励对象都要完成的公司指标，还需要根据公司整体目标制定各个激励对象的考核指标。这部分指标则完全是由激励对象的工作态度和能力所决定的，制定激励对象个人考核指标的好处是避免"大锅饭"和"搭顺风车"的现象出现，因为在实际操作中，很可能公司的指标达成了，但部分激励对象个人的工作绩效却并不合格。

举个例子，某公司实行股权激励，其中营销副总裁赵三强经评估确定的应激励股份额度为60万股，分3年考核行权，每年可行权三分之一。公司对赵三强的考核指标分为公司指标和部门指标两个部分，并分配了不同的权重，如表4-2-1所示。

表 4-2-1 某公司对赵三强的考核指标

指标类别	指标权重	考核标准
公司指标	40%	1）110%≤公司指标完成率，系数为1.2； 2）90%≤公司指标完成率<110%，系数为1； 3）80%≤公司指标完成率<90%，系数为0.8； 4）公司指标完成率<80%，系数为0
部门指标	60%	1）110%≤部门指标完成率，系数为1.2； 2）90%≤部门指标完成率<110%，系数为1； 3）80%≤部门指标完成率<90%，系数为0.8； 4）公司指标完成率<80%，系数为0

假如该激励对象在第一个行权期内，公司指标的完成率是100%，部门指标的完成率是85%，则该激励对象第一个行权期可行权的股份数量是：

20 万股 ×（1×40%+0.8×60%）=17.6 万股。

当然，如果公司指标和部门指标完成率均超过 110%，则激励对象可行权的股份数量可以达到 24 万股，较期初授予的 20 万股增加了 4 万股；反之，如果公司指标和部门指标完成率均低于 80%，则激励对象的 20 万股也就不能行权了。这种分批考核分批行权的方式，能对授予激励对象的股份进行动态调整，也是对激励对象的一种约束。

第三节 退出机制：事先约定，避免争议

在考核期内，需要考虑激励对象发生的降职、调岗、因不胜任工作而被辞退、因个人原因离职、死亡、退休、丧失劳动能力等情况，尚未行权的股份如何处置。比如，可以约定，员工离职时尚未行权的股份取消，已行权的股份是否需要回购、回购价格等条件。

企业之间的竞争，很大一部分是人才的竞争，股权激励的初衷，也是吸引和保留优秀的人才长期为企业发展做出贡献，但即使成为股东以后，也可能会因为理念不一致、权责利分配不合理等各种原因最终分道扬镳。因此，在设计股权激励机制的时候，退出机制是非常关键的一个环节，在签订股权激励协议的时候，必须把出现什么情况激励对象需要退出，如何退出，股份如何处理等情况详细的约定清楚，否则非常容易导致原股东和激励对象之间的纠纷。

一、退出事由

出现哪些情形激励对象需要退出呢？就退出的事由而言大致可以分为两类，一类是非过错退出；第二类是过错性退出。

1.非过错性退出

非过错性退出，一般是指不是激励对象主观意愿犯的错，而是由其他客观原因导致的退出，比如下列情形：

（1）公司战略调整等原因裁员或离职的；

（2）激励对象因达到国家和公司规定的退休年龄办理退休的；

（3）激励对象因丧失劳动能力而不能继续在公司任职的；

（4）激励对象死亡、被宣告死亡或被宣告失踪的；

（5）公司宣告破产、倒闭或经营期满不再经营的。

因为并非激励对象主观上犯错导致的退出，所以公司在回购时一般不会对激励对象有惩罚措施，会根据实际情况，采取灵活的方式设定回购价格。不仅如此，在遇到丧失劳动能力或死亡等情况下，公司通常还会出于人道主义立场给予一定的照顾，比如激励对象可以把股份委托公司股东会指定的人进行代持，只保留股份的分红权。激励对象达到退休年龄办理退休的，也可以采用分阶段逐步回购的方式，让激励对象在一定时期内保留股份养老。

2. 过错性退出

过错性退出，一般是指激励对象个人出现过错给公司造成了一定的经济、声誉及其他利益损失的情形，这种情形公司可以在股权激励协议中明确约定，并在激励对象出现这些情形时强制让激励对象退出，比如下列情形：

（1）激励对象受到刑事处罚的；

（2）因失职或渎职、收受回扣、营私舞弊、泄露公司商业秘密、造谣滋事、恶意诋毁、侵占或挪用公司资产等行为损害公司利益或声誉给公司造成重大损失的；

（3）出现重大质量及安全事故，给公司造成严重经济损失及声誉损失，且激励对象为主要责任人的；

（4）公司董事会认定的其他严重损害公司利益的行为。

遇到上述情形，公司有权以事先约定的价格回购激励对象的全部股权，也可以要求激励对象返还之前已获得的分红。

二、退出后股份的处理

激励对象如果是非过错性退出，需要对激励对象的股份进行回购的，通常会以下列方式确定股份的回购价格：

1. 以公司注册资本作为定价基础。公司实际注册资本多少，共有多少股份，据此可以计算每股价格，并以此价格作为回购的定价基础。

2. 以最近一次的财务报告所列示的净资产价格作为定价基础。这种方法比公司注册资本定价更为公平，更接近退出时公司的实际价值。

3. 以第三方机构对公司的评估价值为定价基础。对于一些技术含量高的轻资产公司而言，采取净资产计价并不能公正地评估公司价值，因此对它们的定价以第三机构的评估价值为基准更为合理。

4. 以公司最近一次融资时的估值作为定价基础。有些公司处于快速增长期，每一轮融资都会使公司的估值发生较大变化，因此对这类公司可以融资估值为基准定价，但融资估值一般都是建立在一定的业绩对赌基础上的，在实际操作中融资估值只能作为一个参考，通过会在这个价格基础上有一定的折扣。

5. 以一个固定的金额或者固定的价格计算方式为定价基准。这是公司与激励对象双方自行商定的定价方法。

6. 如果是上市公司，则应该以二级市场的股份价格作为定价依据，激励对象可以选择在二级市场退出。

以上1-5种方法，都可以作为非上市公司股权激励主动退出时回购价的参考，但不管使用哪种方法，都应遵循"进出口径前后一致"的原则，即股权价格的计算方式应与行权价格的计算方法保持一致，比如，行权时，股份价格以当时第三方机构的评估价值为定价基准，那么，在退出时，仍然以退出时第三方机构的评估价值为定价基准。

回购股份争议案

蒋某被提拔为 F 公司的总经理，获得了 F 公司 3% 的股份期权，锁定期 5 年。按照 F 公司相关规定，高管人员在任职期满不再续聘的，必须出让股权，若公司未上市，转让价格按公司最近年度经审计后的净资产值计算。

通过考核后，蒋某支付了 150 万元股份期权购股款。3 年后的 2010 年，F 公司不再聘任蒋某为总经理。按协议规定，F 公司应回购蒋某持有的 3% 的股权，但 F 公司多次拒绝回购。2011 年，蒋某遂将 F 公司告上法庭。

一审法院判决蒋某胜诉，要求 F 公司回购蒋某持有的 3% 股权。F 公司不服一审判决，提出上诉。2013 年，二审法院作出判决，蒋某再次胜诉，再次要求 F 公司回购蒋某的股权。但在以什么价格回购蒋某的股权问题上，一审法院与二审法院判决的结果大相径庭。

一审、二审法院均认同，因 F 公司并未上市，按 F 公司相关规定，F 公司对蒋某股权的回购价格，应按公司最近年度经审计后的净资产值计算。但对哪一年为"公司最近年度"，两家法院提出不同的认定方法。

一审法院认为，应是 F 公司不再续聘用蒋某为总经理的前一年为"最近年度"，即 2009 年，将据此计算回购款为 200 万元。

但二审法院认为，F 公司不再续聘蒋某为总经理虽发生在 2009 年，但之后多年蒋某一直持有 F 公司的股份，仍是 F 公司的股东。因此，

"最近年度"为 2012 年，并据此计算回购款为 420 万元。

这是一起典型的因回购价格争议而引发的案件，争议的焦点在于"公司最近年度经审计后的净资产值"的"最近年度"是哪一年。若以蒋某离任时的 2010 年计算，则"最近年度"为 2009 年；若以起诉时间计算，则"最近年度"为 2012 年，但两者计算的结果竟相差两倍多。这起案件表明，对于要实施股权激励的公司及激励对象来说，事先约定好每一个细节并且写进协议中是非常关键的一步。

激励对象如果是过错性退出，则可以按照公司股权激励方案及签署的相关协议，由公司对激励对象的股份进行回购，回购价格一般会低于股份的正常价格，带有一定的惩罚性。

无论是何种原因导致激励对象需要退出，对于股份的处理及股份的定价，都应该在股权激励方案和协议中完整、准确的记载清楚，某医疗集团的股份期权退出机制，如表 4-3-1 所示。

广东某医疗集团控股有限公司股份期权激励的退出机制

表 4-3-1 各类别退出情况汇总表

	情形	考核期	锁定期	解锁后
非过错性退出	公司战略调整等原因裁员或离职	取消其激励资格，其已获准行权但尚未行权的股份不得行权，若已行权购买股份则返还激励对象已缴出资款	激励对象持有全部股份由公司实际控制人优先回购，回购价为出现退出事由时公司上一会计年度末经审计的每股净资产价格与激励对象原购股价格二者较高者	由公司实际控制人按照每股净资产价格回购激励对象全部股份，如果有投资机构进入，则以投资机构估值的50%与每股净资产价格二者较高者回购。
	辞职			
	丧失劳动能力			
	退休			
	身故			
	离婚		由激励对象回购分割部分股份；激励对象不回购的，由实际控制人以激励对象出资价格回购	
过错性退出	受到刑事处罚	取消其激励资格，已获准行权但尚未行权的股份不得行权，若已行权购买股份则返还其已缴出资款	其持有的在锁定期内的全部股份由公司实际控制人按激励对象原购股价格回购，若给公司造成重大损失，须从出资额中扣除应赔偿公司损失的金额	以激励对象原购股价格回购，若给公司造成重大损失，须从出资额中扣除应赔偿公司损失的金额。
	因失职或渎职、收受回扣、营私舞弊、泄露公司商业秘密、造谣滋事、恶意诋毁、侵占或挪用公司资产等行为损害公司利益或声誉给公司造成重大损失			
	出现重大质量及安全事故，给公司造成严重经济损失及声誉损失，且激励对象为主要责任人			
	与公司发生同业竞争			
	公司董事会认定的其他严重损害公司利于或声誉的行为			

（案例来源：前海股权事务所、中力知识科技）

这套方案较为具体，基本上把所有的可能出现的情形都做了详细的设计。比如，在过错性退出中，将发生安全事故给公司造成严重经济及声誉损失的情形也列在内，这在一般的退出机制中是没有的；在非过错性退出中，将离婚情况也考虑在内，这也是一般的退出机制没有考虑到的特殊情况，针对每一种退出的情形，该方案都给出了对策。

第五章

股权激励十大模式

第一节 激励模式概述

一、人的需求是多样的

根据马斯洛需求层次理论，人类的需求从低到高分为生理需求、安全需求、社交需求、尊重需求和自我实现需求五个层次。

生理需求：对食物、水、空气和住房等需求都是生理需求，这类需求的级别最低，人们在转向较高层次的需求之前，总是尽力满足这类需求。一个人在饥饿时不会对其他任何事物感兴趣，他的主要动力是得到食物。即使在今天，还有许多人不能满足这些基本的生理需求。企业家应该明白，如果员工还在为生理需求而忙碌时，他们所真正关心的问题就与他们所做的工作无关。当努力用满足这类需求来激励下属时，我们是基于这种假设，即人们为报酬而工作，主要关于收入、舒适等等，所以激励时试图利用增加工资、改善劳动条件、给予更多的业余时间和工间休息、提高福利待遇

93

等来激励员工。

安全需求：安全需求包括对人身安全、生活稳定以及免遭痛苦、威胁或疾病等的需求。和生理需求一样，在安全需求没有得到满足之前，人们唯一关心的就是这种需求。对许多员工而言，安全需求表现为安全而稳定以及有医疗保险、失业保险和退休福利等。主要受安全需求激励的人，在评估职业时，主要把它看作不致失去基本需求满足的保障。如果企业家认为对员工来说安全需求最重要，他们就在管理中着重利用这种需要，强调规章制度、职业保障、福利待遇，并保护员工不致失业。

社交需求（爱与归属的需求）：社交需求包括对友谊、爱情以及隶属关系的需求。当生理需求和安全需求得到满足后，社交需求就会突出出来，进而产生激励作用。在马斯洛需求层次中，这一层次是与前两层次截然不同的另一层次。这些需要如果得不到满足，就会影响员工的精神，导致高缺勤率、低生产率、对工作不满及情绪低落。企业家必须意识到，当社交需求成为主要的激励源时，工作被人们视为寻找和建立温馨和谐人际关系的机会，能够提供同事间社交往来机会的职业会受到重视。企业家感到下属努力追求满足这类需求时，通常会采取支持与赞许的态度，十分强调能为共事的人所接受，开展有组织的体育比赛和集体聚会等业务活动，并且遵从集体行为规范。

尊重需求：尊重需求既包括对成就或自我价值的个人感觉，也包括他人对自己的认可与尊重。有尊重需求的人希望别人按照他们的实际形象来接受他们，并认为他们有能力，能胜任工作。他们关心的是成就、名声、地位和晋升机会。这是由于别人认识到他们的才能而得到的。当他们得到这些时，不仅赢得了人们的尊重，同时就其内心因对自己价值的满足而充满自信。不能满足这类需求，就会使他们感到沮丧。如果别人给予的荣誉不是根据其真才实学，而是徒有虚名，也会对他们的心理构成威胁。在激励员工时应特别注意有尊重需求的管理人员，应采取公开奖励和表扬的方式。布置工作要特别强调工作的艰巨性以及成功所需要的高超技巧等。颁发荣誉奖章、在公司的刊物上发表表扬文章、公布优秀员工光荣榜等手段都可以提高人们对自己工作的自豪感。

自我实现需求： 自我实现需求的目标是自我实现，或是发挥潜能。达到自我实现境界的人，接受自己也接受他人。解决问题能力增强，自觉性提高，善于独立处事，要求不受打扰地独处。要满足这种尽量发挥自己才能的需求，他应该已在某个时刻部分地满足了其他的需求。当然自我实现的人可能过分关注这种最高层次的需求的满足，以致自觉或不自觉地放弃满足较低层次的需求。重视这种需求的管理者会认识到，无论哪种工作都可以进行创新，创造性并非管理人员独有，而是每个人都期望拥有的。为了使工作有意义，强调自我实现的管理者，会在设计工作时考虑运用适应复杂情况的策略，会给身怀绝技的人委派特别任务以施展才华，或者在设计工作程序和制定执行计划时为员工群体留有余地。

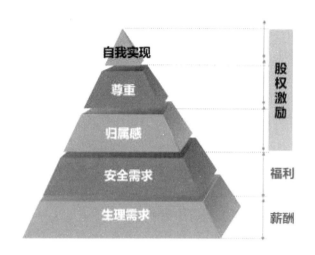

图 5-1-1 马斯洛需求模型

人的需求是多样性的，人处在不同时期、不同阶段，需求也是不同的，因此企业处在不同的阶段，对不同的激励对象需要采取不同的激励模式，丰富激励手段，这样才能起到真正的激励效果。

哈佛大学的威廉·詹姆士教授调查发现：按时计酬的职工仅能发挥其能力的 20%—30%，而如果受到充分的激励，则职工的能力可以发挥到 80%—90%，甚至更高。这其中 50%—60% 的差距系激励所致。也就是说，同样一个人在通过充分激励后所发挥的能力相当于激励前的 3—4 倍。由此他得出一个公式，即："工作绩效 = 能力 × 动机激发"。这就是说，在个体能力不变的条件下，工作成绩的大小取决于激励程度的高低。激励程度越高，工作绩效越大；反之，激励程度越低，工作绩效就越小。

松下幸之助说：管理的最高境界是让人拼命工作而无怨无悔。韦祎说：有效激励的最高境界是——喜出望外。

什么是激励？美国管理学家贝雷尔森和斯坦尼尔给激励下了一个定义："一切内心要争取的条件、希望、愿望、动力都构成了对人的激励。——

它是人类活动的一种内心状态。"从心理学角度讲，激励是指激发人的内在动机，鼓励人朝着所期望的目标采取行动的过程。

激励是一个非常复杂的过程，它从个人的需要出发，引起欲望并使内心紧张，这种紧张不安的心理会转化为动机，然后引起实现目标的行为，最后在通过努力后使欲望达到满足。

心理学家一般认为，人的一切行为都是由某种动机引起的。动机是任何行为发生的内部动力，动机对行为有激发、引导和维持的作用，没有动机就没有行为。动机的性质不同，强度不同，对行为的影响也不同。有个小故事很形象地说明了这一点：一条猎狗将兔子赶出了窝，一直追赶它，追了很久仍没有捉到。牧羊犬看到此种情景，讥笑猎狗说："你们两个之间小的反而跑得快得多。"猎狗回答说："你不知道我们两个的跑是完全不同的！我仅仅为了一顿饭而跑，它却是为了性命而跑呀！"

因为动机是驱使人产生某种行为的内在力量。所以，一个人愿不愿意从事某项工作，工作积极性高还是低，干劲是大还是小完全取决于他是否有进行这项工作的动机和动机的强弱。而形成动机的条件一是内在的需求，二是外部的诱导、刺激。其中内在的需要是促使人产生某种动机的根本原因。综合起来讲，就是"需求产生动机，动机引发行为"。因此，激励的本质就是满足需求，激励的研究应从了解人的需求入手。

激励的本质就是激励员工的源动力。员工源动力没有解决，一切都没有意义。

已经满足的需求，不再是激励因素。人们总是在力图满足某种需求，一旦一种需求得到满足，就会有另一种需要取而代之。一般来说，只有在较低层次的需求得到满足之后，较高层次的需求才会有足够的活力驱动行为。满足较高层次需求的途径多于满足较低层次需求的途径。因此，对症下药、量体裁衣，围绕这些的需求，再采取针对性的激励措施，这样，激励才最有效果。

为满足不同的需求而采取的不同的激励措施就是激励方法：为满足维持基本生活所需的激励措施就是薪酬激励，为满足安全需求的激励措施就是福利激励，为满足归属感、尊重、自我实现需求的激励方式主要是股权激励。

二、多层级激励模式

股权激励的目的是为了留住内部核心人才、吸引外部优秀高端人才、更好地激励核心人才，更是为了激发团队的积极性、创造性，鼓励他们为企业的发展目标而努力奋斗，使他们与公司的利益一致，共同面对未来，风险共担、利益共享。

股权激励模式有很多种，有短期现金激励模式，如超额利润分红激励、在职股分红激励；有股票增值收益激励模式，如虚拟股激励、股票增值权激励；有长期股权激励，如限制性股权激励、股票期权激励等。

根据不同激励模式的激励性、现金性和股权性，将各种激励模式归纳，如图 5-1-2 所示。

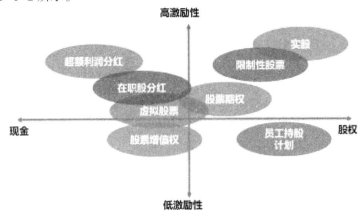

图 5-1-2 股权激励模式

第二节 超额利润分红：快速调动员工积极性

一、超额利润分红激励定义

超额利润分红激励，也称为超额利润激励，是一种短期激励方式，是股权激励的延伸，是利润的二次分配。

超额利润激励，是指公司在完成计划目标利润后，与相关利益贡献者分享超出部分利润的激励方式。目的在于激发员工的工作潜能，创造更大的价值，加速企业成长。具体如图 5-2-1 所示。

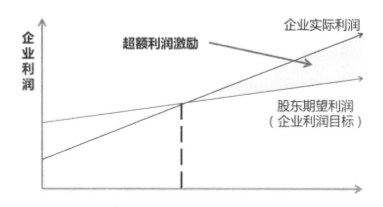

图 5-2-1 超额利润分红模型

举例说明，一家公司为了刺激销售业绩提升，制定了超额分红激励方案。年初，公司制定的利润目标为 1 亿元，而实际完成利润为 1.5 亿元，公司在超出目标的 5000 万元利润中，拿出一定比例进行分红，这就是超额利润分红激励。这里的"一定比例"有多种形式，有的可以不受条件限制，只要是超额了，就可按事先商定的固定比例予以奖励。如事先商定的超额分红激励的比例为 40%，即 5000 万元中，可以拿出 2000 万元奖给激励对象。也有的公司，会根据超额幅度的不同制定不同的激励标准，如超额利润幅度小于多少时，设定一个计提标准；大于多少时，会设定一个更高的计提标准，以此来激励员工创造更多的利润。完成的超额利润越多，拿到的分红也就越多。

二、只对增量利润进行分红

超额利润激励，体现了多劳多得的原则，鼓励激励对象不断进取、超越自我，多超多奖。这种激励方式的优点在于，能快速调动激励对象的积极性。其最突出的特点在于"超额"二字上，即对增量利润进行分红，对存量利润没有影响。也就是说，若当年没有完成超额利润，就不会分红，这对公司来说，风险较小，不会给公司造成额外的成本压力。

超额利润分红的激励对象主要是业务部门，如事业部、生产中心、销售中心的部分人员；也可以是非业务部门，如财务部、行政部、人事部、研发部等。一般建议激励对象倾向于利润的直接创造部门。

超额利润的来源有两种，一是做大营收的同时做大利润；二是压缩成本导致利润增加。这两种方法都可以获取超额利润，但就发挥激励的最大作用来看，公司应强调在压缩成本的同时，更倾向于做大营收的方式。因为做大营收，意味着在不断抢占市场份额，这才是一家公司能持续发展的正常方式，仅靠压缩成本是难以为继的。

超额利润分红能发挥激励效用的关键，就在于能不能取得超额利润。

因此，该激励法更适合有增长潜力的初创型或成长型公司，处于衰退期的公司则要慎用。

三、超额利润目标设定：方案成败的关键点

超额利润分红激励方案实施成功的前提条件是利润目标设定，若利润目标设置过高，则可能让激励对象提前失去了奋斗的动力，认为老板是"画饼"的，拿着激励方案来忽悠员工，从而起不到激励作用。若利润目标设置过低，则对激励对象来说缺少了激励性，太容易达成目标，不像是激励更像是奖励，不能真正激发员工的动力。因此，目标要定的恰到好处，既要避免"伸手就能摘到"又要规避"搬着梯子也够不到"，做到"跳起来才能摘到"的效果。

既然超额利润目标这么重要，企业家在设定目标的时候，要慎之又慎，既要考虑公司的实际情况，不能不切实际地臆想，也不能简单地拍脑袋而定，要结合行业的发展情况和企业的事情情况而定。

同时，目标要公司和激励对象双方商定确定，不能公司定个目标强压给激励对象，也不能激励对象自己设定目标不经过公司同意，只有双方达成一致，才能实施。一般建议由激励对象提出激励目标，公司进行修正，达成一致后签约实施。

有些企业的利润不便于公开，就不方便采取超额利润分红激励的方式，但可以将利润目标转化，如采取考核销售目标，设定一个大家认可的利润率作为间接利润目标。不管考核什么指标，最终都会有个相应的指标转换到利润，还是以利润贡献为衡量标准，否则就失去了激励的意义。如某企业不便于向员工透露利润情况，而采取超额销售额，没有挂钩销售毛利率或销售费用率，结果员工为了冲销售额，采取产品打折等各种促销手段，最终公司销

售额猛增，但利润却是亏损的，激励对象拿到了大额超额分红，但公司却亏损严重。这种激励方式不是良性的激励，不是持久和双赢的激励方式。

某企业超额利润分红改进案例

某企业由于历史原因及特定的一些因素，不便于将利润公布，但又想实施超额利润分红，中力在了解详细情况后，给企业建议实施超额产量分红激励方案，既达到了老板想要的目的，不公布利润，又跟利润挂钩，还能有效激励到员工。

表 5-2-1 某企业超额产量分红方案

每吨基准利润 794 元				
时间	2017 年	2018 年	2019 年	2020 年
产量目标（吨）	24000	26500	28000	29500
超额产量（吨）	1—2000	2001—4000	4001—6000	6001—8000
超额奖励比例（%）	30	40	50	60
超额奖励金额（元/吨）	238	318	397	476
调整后奖励金额(元/吨)	240	320	400	480

若 2017 年实际完成产量 26500 吨，则应激励金额为：（26500-24000）×320=800000 元

若 2017 年实际完成产量 25500 吨，则应激励金额为：（25500-24000）×240=360000 元

为防止激励对象只关注产量，而忽略利润，我们设置了调整系数。

表 5-2-2 某企业超额产量分红系数调整方案

单位制造成本考核：基数 1.08 元 /kg，单位制造成本增减 0.01 元 /kg，考核系数减增 0.05						
单位制造成本（元 /kg）	依此类推	1.1	1.09	1.08	1.07	1.06	依此类推
考核系数	依此类推	0.9	0.95	1	1.05	1.1	依此类推

比较成熟的企业一般要一次设定 3 年以上目标，这样就避免了第一年完成目标较高，而后逐年调高目标，增加超额的难度。对激励对象来说，一次设定 3 年目标，有了确定目标和方向，且不能变化，激励对象的目标感更强，方案的激励性也更好。但并分所有企业都一定要设定 3 年目标，有些企业发展预期不明朗，目标可预见性不强的企业可以一年一设定，如初创企业或互利网类企业，目标增长不像传统制造业那么稳定，而是几何级增长。这类型企业，虽然每年一设定，但相关规则需要提前明确，避免到时候双方因目标设定而达不成一致，影响方案的激励效果和公司业绩的达成。

超额利润分红一次性制定未来 3 年的目标，在实际操作过程中，这可能会出现两种特殊情况。

情况一：第一年就完成了第二年的目标，第二年的目标利润要不要重新设定？此时，要分析第一年利润超额的原因。如果是当初设定目标时没有考虑周全，设得太低了，那么公司与激励对象可以再协商，重新设定利润目标。但如果是受偶发性因素影响，且这种影响不可持续，那么还是应以当初设定的利润目标为准。

情况二：3 年中某一年未完成利润目标，但是次年业绩不错，不仅回补了上一年的欠缺，还超额完成了当年的利润目标，这种情况怎么办？此时，公司与激励对象仍然可以协商，比如可以将 3 年作为一个整体来看待，只要激励对象完成了当初设定的 3 年利润目标的总额，基于信任关系以及公司长远发展考虑，分红还是可以全额兑现。一般来说，若上一年未完成超额目标，而当年超额完成目标，则当年超额利润需首先填补上年距离目标欠缺部分后，方可进行当年的超额利润分红结算。

天山生物超额利润绩效奖励分配方案（摘录）

一、超额利润绩效奖励提取方式

超额利润绩效奖励是根据公司绩效考核管理办法，按年度实现目标兑现绩效考核外（一次分配），超额完成年度目标利润部分按超额利润计提超额效益奖金。具体如下：

完成年度股东大会通过的目标利润100%以上，按超额完成利润比例分段计提超额利润的30%—15%作为超额效益奖金。

1. 完成目标利润的100%—150%（含），按超额利润的30%计提效益奖金。

2. 完成目标利润的150%以上，除按30%计提以外，每超出10%（含），计提比例降低5%，计提比例降至15%后不再变动。

3. 因公司并购等战略行为当年反映在财务报表上的新增利润，按30%—50%计入当年利润（视难易程度和可持续性确定比例）。

二、超额效益奖金分配结构

1. 总经理奖励基金：优先从年度超额效益奖金计提20%作为总经理奖励基金，由总经理向年度有突出贡献的管理层人员发放或进行年度调剂发放。

2. 高管效益奖金：约占超额效益奖金额的40%。总经理奖励基金提取以外的部分，按50%提取高管效益奖金，主要用于高层管理人员的超额业绩贡献奖励。分配系数为总经理3；常务副总经理2；财务总监1.5；副总经理1.5；总经理助理1。

3. 中层效益奖金：约占超额效益奖金额的24%。总经理奖励基金提取以外的部分，按30%提取中层效益奖金，主要按绩效分配系数和考核完成情况，对完成当年目标任务的中层人员进行奖励制度。绩效分配系数：部门正职 2；单位副职、助理 1.6。

4. 关键岗位效益奖金：约占超额效益奖金额的 16%。总经理奖励基金提取以外的部分，按 20% 提取部分关键岗位效益奖金，主要按绩效分配系数和个人年度考核情况，对完成年度部门／单位目标责任的关键岗位员工进行奖励。绩效分配系数：业务主管 1.4；技术员 1.2－1。

表 5-2-3 超额绩效考核及系数表

考核等级	超额绩效系数
超出期望	1.4—1.3
完成期望	1.2—1.1
基本完成	1.0
需努力	0.9—0.8

5. 超额年终效益奖金均以员工实际工作月份计算，离职员工不享受。年度内发生事故相关责任人员由总经理办公会确定年度超额效益奖金的发放。

（案例来源：天山生物公司 2015 年 2 月 12 日公告）

四、超额利润提取比例：多用"阶梯比例法"

目标利润设定好了，就需要设定超额利润提取比例。

最简单的一种方法，就是不管超额了多少，只要实现了超额利润，就对超额利润按一定比例予以分红。比如，一家公司设定目标利润 1000 万元，实际实现利润 1500 万元，事先商定好的超额分红比例为 40%，那么超额分红金额就为 500×40%=200（万元）。

但实际操作中，很多公司倾向于"阶梯比例法"，即对超额利润不是按一个固定的比例予以分红，而是采取阶梯式提取。最常见的为百分比法，如表 5-2-4 所示。

表 5-2-4 阶梯比例法示例

实际利润完成比例	100%＜X＜120%	120%≤X＜150%	150%≤X＜180%	180%≤X
超额利润分红比例（%）	20	30	40	50

假设目标利润为 1000 万元，当完成 1200 万元利润时，超额利润分红额度为（1200-1000）×30%=60（万元）；

当完成 1500 万元利润时，超额利润分红额度为（1500-1000）×40%=200（万元）；

当完成 1800 万元利润时，超额利润分红额度为（1800-1000）×50%=400（万元）；

当完成 2000 万元利润时，超额利润分红额度为（2000-1000）×50%=500（万元）。

当完成利润超过 2000 万元时，依此类推。

还有一种方法是绝对数额法。

下表为一个工程项目标的为 200 万元的超额利润方案，经过详细的成本测算，利润超额的额度很难超过 130%，故具体的分红起提点和超额提取额度，如表 5-2-5 所示。

表 5-2-5 绝对数额法示例

实际利润完成比例	100%＜X＜110%	110%≤X＜120%	120%≤X＜130%	130%≤X
超额利润分红比例(万元)	5	15	25	35

固定比例提取法、分阶段比例提取法、分阶段固定额度提取法等根据企业实际情况灵活应用,企业不同阶段不同目的可以采取不同的提取方式。

某高端男装品牌企业 A 公司超额利润分红激励

受经济增长趋缓影响,整个高端男装行业业绩下滑,A 公司内部管理向扁平化、精细化转变,成本费用控制成为必然,且 A 公司准备 IPO,为保障业绩的持续增长,激活一线销售人员,激发门店动力,找到前海股权事务所、中力知识科技。

前海股权事务所、中力知识科技在调研走访了全国主要区域门店及竞争对手门店后,根据企业实际情况及门店需求,制定了门店超额利润分红激励机制,激励对象包括大区经理、店长、部分店员,未选取全部店员的原因是,第一,店员离职率相对较高;第二,如果全部激励相当于大家都有份,不能突出激励的稀缺性,激励对象可能不会珍惜。激励目标根据门店的属性和发展阶段而定,针对几百家门店,将门店按照功能定位、属性、级别、发展阶段进行分类,然后逐个制定门店的目标,整体目标比上年增长了 1000 万元。

设定提取比例时,我们做了个大胆尝试,超额 10 万元以内全部给到激励对象,鼓励各门店将业绩提升,为公司贡献利润。

表 5-2-6 A 公司超额利润分红方案

超额区间	A	B	C
超额部分(元)	0 < X ≤ 10 万	10 万 < X ≤ 30 万	30 万 < X
超额部分分红比例(%)	100	50	30

超额分红金额 = A 区间超额利润额 ×100% + B 区间超额利润额 ×50% + C 区间超额利润额 ×30%

方案发布实施后，门店积极性空前提高，员工对顾客的服务态度、服务热情度明显转变，平时员工培训积极性不高，现在员工主动去学习着装、配色等知识，连带率也提升了不少。以前隔壁同行来借手提袋、西装套什么的都随便借过去，方案公布后，员工都不随便借了，同时每个人都关注成本了，员工经营意识明显增强。实施一年以后公司的实际经营结果上升显著，公司整体业绩比超额目标增加了2000万元净利润，同时通过机制也发现了一批好苗子，团队稳定性及凝聚力增强。

五、超额利润分红高支付：递延支付有讲究

为了规避一次性分红过高给公司带来现金流压力，同时也为了降低激励对象的分红税收，一般会采取递延支付方式。是否采取递延支付还会结合以下因素综合考虑：如激励对象分红总额度，若激励额度过低则没必要递延支付；激励对象的实际收入水平；激励对象的稳定性；并行的其他激励方式结合。

递延支付方式是指把被激励对象的分红按照不同时间段、不同发放比例逐年支付。这里有两个关键数据点：①递延支付时间周期，按照目前国内企业实际情况，2—3年比较合适，但实际操作中要看企业的时间情况；②每个时间周期支付比例，根据我们多年的实操经验，建议按照5:3:2的原则进行支付，即第一年支付分红的50%，第二年支付30%，第三年支付20%。

分红递延支付方式的具体操作，如表5-2-7所示。

表 5-2-7 分红递延支付示例

递延支付	第一年收入	第二年收入	第三年收入	第四年收入	………
第一年配比(%)	50	30	20		
第二年配比(%)		50	30	20	
第三年配比(%)			50	30	20
……(%)				50	30

值得注意的是,根据激励对象收入水平来设置,如激励对象当年分红大于 10 万元时,则采取 5:3:2 递延支付,若当年分红低于 10 万元,则一次性发放,分红在每年一季度前发放,公司代扣代缴个人所得税。

六、超额利润激励退出机制:不同退出情况区分对待

退出可分正常退出和触碰"电网"退出两种情况。

1. 正常情况退出,如表 5-2-8 所示。

表 5-2-8 正常退出分类别汇总

项目　　　类别	当年分红	递延未发放分红	备注
主动辞职	取消分红	按全额发放	当主动辞职和辞退时,如若做出损害公司的利益的事情,当年分红取消,并根据实际损失扣除未发分红
辞退	取消分红	按全额发放	
降职	取消分红	按全额发放	
退休	如超过半年按半年发放,未超过半年取消分红。	按全额发放	
病故		按全额发放	
因公殉职	按全额发放	按全额发放	

2. 触碰"电网"退出：

在方案有效期内，凡发生以下事由（包括但不限于），自情况核实之日起即丧失超额分红资格，取消剩余分红，情节严重的，公司依法追究其赔偿责任并有权根据公司规章制度给予相应处罚，相应处罚包括但不限于停止参与公司一切激励计划、取消职位资格甚至除名。构成犯罪的，移送司法机关追究刑事责任。

（1）因不能胜任工作岗位、违背职业道德、失职渎职等行为严重损害公司利益或声誉而导致的降职；

（2）公司有足够证据证明激励对象在任职期间，由于受贿索贿、贪污盗窃、泄露公司经营和技术秘密、损害公司声誉等行为，给公司造成损失的；

（3）开设相同或相近的业务公司；

（4）违反公司章程、公司管理制度、保密制度等其他行为；

（5）违反国家法律法规并被刑事处罚的其他行为。

（6）董事会认定的其他行为。

第三节 在职分红：既对岗又对人

在职分红也叫在职股激励，是公司对在职人员进行的一种利润分享激励模式。激励对象达到约定的条件，且公司实现盈利的前提下，可按约定股份比例分享公司可分配利润的一种激励方式。

在职分红股不需要掏钱购买，属于激励岗位自动获得。

在职股只有分红权，无增值权、继承权、投票权、所有权，禁止出售、抵押、担保和转让。员工离职或违章违规后，该在职股自动失效。

实操中在职分红股既可以与实股同股同分红权，又可以设置成有限分红权的形式。

假设一家公司对优秀员工实施在职分红激励，分红比例为30%，若公司当年可分配利润为1000万元，那么公司将拿出300万元予以在职分红激励。若总经理的分红比例为20%，到年底时，总经理考核达标后，他可以拿到的在职分红为300×20%=60（万元）。

一、催生员工主人翁意识

公司为什么要实施在职分红激励？因为在职分红有三大激励效应。

第一，能增强员工的归属感。实施在职分红激励的公司，员工能够感受到特有的归属感，不仅可以获得工资收入，还能够享受公司利润的分红。而在一般的公司，利润分红权属于股东，普通员工享受不到这种权利。如今股东把分红权授予激励对象，让员工觉得自己享受了股东的部分权益，就会把公司的事业当成是自己的事业。

第二，能增加员工的荣誉感。众所周知，物以稀为贵，股权是一家公司最稀缺的资源，公司能拿出在职分红股授予员工，体现了激励对象对公司的价值，也体现了公司对激励对象的高度重视——这能极大地增加员工的荣誉感。股东的荣誉感是良好的助推器，哪怕只是"小股东"，哪怕只是"在职股东"，都会使员工在精神层面对公司产生高度的认可。这种身份的转变具有相当大的吸引力，意味着被激励者从此成为企业的"主人"，能分享公司增长带来的收益。对有些员工而言，"当家作主"的激励力度甚至大于经济利益的激励力度。

第三，能提高员工的责任感。既然已经从打工者变成了公司的"主人"，这种身份的转变，对激励对象来说，不仅在于归属感和荣誉感的增强，更在于能将这种荣誉转换为努力工作的动力。因为他的收益，与公司利润是紧密关联的，是"利益共同体"，公司效益好，自己才能好，只有做大公司的"蛋糕"，自己才能分到更大的"蛋糕"。这种由员工内心引发的责任感，就会推着员工拼命奋斗，与公司一起把增量做大，做大市场。

二、在职分红激励方案设计难点

在职分红激励看起来比较简单，就是拿出一部分利润对特定对象进行分红就可以了。但在实际操作过程中也有几个难点，若把握不好，激励效果会大打折扣，甚至起到反作用。

第一个难点，如何确定激励对象。在职分红"既对岗又对人"，表面上看激励的是岗位，但最终的激励对象还是人。因此，如何选定激励对象，是实施在职分红激励首先要考虑的因素。激励对象的选择，不同的企业有不同的考虑，取决于哪些岗位或人对企业的利润有直接关系。在职分红激励对象通常有一定的职务级别和工作年限要求，具体激励范围要看企业激励目的而定。一般而言，激励对象的选择需要从是否与公司价值观保持一致、是否有突出的业绩表现、是否有违反职业道德等方面的问题等因素进行综合考虑，如图 5-3-1 所示。

图 5-3-1 确定激励对象示例

首先，激励对象一定是公司的核心骨干人员，必须要在业绩上有过突出表现或有潜力做出优异成绩，或是在关键岗位能发挥关键作用，只有对他们实施激励，才能更好地发挥激励的正向作用，鞭策其他员工也要努力工作，争取也成为激励对象。

其次，仅对激励对象的业绩和潜能有要求还不够。因为激励对象必定会成为公司所有员工的楷模和争相效仿的对象，所以在选定激励对象时，必须要考察他是否认可和践行公司价值观。有的员工能力很强，但对公司价值观不认可，公司对这样的员工就要慎重考虑，避免产生负面效应。

最后，激励对象的选择还要考虑道德因素。一家公司，若形成了崇德向善、爱岗敬业的企业文化，就会自发产生一种向上的动力。因此，选择激励对象，就要选择时刻筑牢思想道德防线，牢固树立正确的"三观"，自觉遵纪守规，自觉接受监督，老老实实做人、干干净净做事，勇于担当、乐于奉献的明星员工。

第二个难点，如何设定考核目标。根据中力"333目标"[1]制定方法，至少设定3年以上目标，原因是周期过短对职业经理人缺乏长期激励性，而周期过长又不利于企业灵活调整，一旦过多的调整目标会让股东和职业经理人对股权激励失去信任。

对于激励时间周期，原则上，我们通常设定为3年为一个周期。当激励周期到期后，重新制定3年目标，激励方案继续滚动实施。但也有企业根据发展需要重新制定激励方案或配套其他激励方式，例如在职股转实股继续实施激励计划，具体情况根据不同的企业而定。

第三个难点，如何确定分配额度。激励对象总体分配额度要综合考量公司利润额及盈利能力、激励对象人数及需求、企业整体薪酬及福利水平、企业市场竞争环境等因素。激励对象个体额度的分配我们建议采用"中力3P股权分配机制"，既要考虑岗位价值因素也要考虑个人的因素和绩效因素。

第四个难点，如何确定考核方式。在职分红激励，作为一种激励方式，必须要有考核机制，否则就是"排排坐，分果果"，完全起不到激励作用。在职分红激励的考核，分为公司业绩指标考核和个人绩效指标考核两个层面。

第五个难点，如何确定支付方式和退出机制。关于支付方式和退出机制的设定可以参考超额分成激励的方式和方法，两者基本一致。

---

[1]　3大方法：综合分析法；过往参考；横向对比法。
　　　3大目标：目标线；冲刺线；挑战线。
　　　3大原则：共同参与；避免过高过低；可调整机制。

广东某新材料有限公司在职分红激励方案

一、进入机制

激励对象：总裁、总监、经理级、优秀员工。同时，激励对象的确定，必须符合以下条件：

1. 入职满 1 年；

2. 过去 2 年内没有发生重大违反职业操守事件；

3. 认可和践行公司价值观；

4. 公司认可的未来战略性人才或为企业创造重大贡献价值者。

激励期限：3 年

二、考核机制

1. 公司业绩考核，如表 5-3-1 所示。

表 5-3-1 分部门业绩考核表（单位：万元）

税前指标	贸易中心	工厂	新材料	其他	总部
底线	500	400	150	20	1070
冲刺	600	450	200	40	1290
挑战	750	500	300	60	1610
指标完成情况	计提比例（%）	计提比例（%）	计提比例（%）	计提比例（%）	计提比例（%）
未达到底线	5	10	10	10	3
完成底线	10	15	15	15	5
完成冲刺	12	20	20	20	8
完成挑战	15	25	25	25	10

2. 个人绩效考核及行权系数，如表 5-3-2 所示。

表 5-3-2 个人绩效考核表

年度绩效考核结果	总得分＜85 分	85 分≤总得分＜90 分	90 分≤总得分＜95 分	95 分及以上
行权系数	0	0.6	0.8	1.0

三、分红支付

分红采用保底加递延支付的原则进行支付。

1. 个人分红在 5 万元或以下时，会计年度结束后，第二年一次性支付。

2. 个人分红在 5 万到 10 万元时，会计年度结束后，分两年发放，两年发放的比例是 60%：40%。

3. 个人分红在 10 万元以上时，会计年度结束后，分三年发放，三年发放的比例分别是 50%：30%：20%。

四、退出机制

表 5-3-3 分类别退出汇总表

类别	考核期
职务变动	以职务调整之日为原岗位在职分红股截止日停止计算原岗位分红，新任职岗位起始日确定股份数量开始计算分红，重新签订《在职分红激励授予协议》，原协议失效。
辞退 离职	取消在职分红激励资格，当年分红及未发放分红取消。
因公殉职	取消在职分红激励资格，以殉职时间为截止日计算并支付当年分红，一次性发放未发放分红给其指定继承人。
丧失行为能力	取消在职分红激励资格，取消当年分红，一次性发放未发放分红。
退休	取消在职分红激励资格，以退休日期为截止日计算并支付当年分红，一次性发放未发放分红。
死亡	取消在职分红激励资格，以死亡日期为截止日计算并支付当年分红，一次性发放未发放分红。
刑事处罚	取消在职分红激励资格，当年分红及未发放分红取消。

（案例来源：前海股权事务所、中力知识科技）

第四节 虚拟股份：灵活运用大有可为

虚拟股份激励，是指公司授予激励对象一种"虚拟"的股票，激励对象可以据此享受一定数量的分红权和股价升值收益。虚拟股份不是公司实股，只有分红权、增值权，不具备实股的所有权、表决权、转让权、继承权、财务查询权等股东股利，不能转让和出售，无需工商登记，在离开企业时自动失效。

虚拟股份激励通过让持有者分享企业发展价值增值权，以此来达到将他们的长期收益与企业效益挂钩的目的。具体如图5-4-1所示。

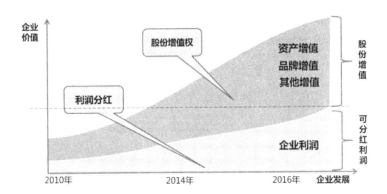

图 5-4-1 虚拟股份模型

一、企业内部的"交易所"

虚拟股份虽说只是虚拟的，并非公司实股，可以免费授予激励对象，也可让激励对象掏钱购买，一般建议掏钱购买。出资购买时既可一次性行权购买，也可分阶段行权购买，购买多少股份就按多少比例分红。若让激励对象掏钱购买虚拟股，则公司须有较强的盈利能力，每年有持续的高分红，或公司资产增值明显，否则对激励对象的吸引力不足。

正因为股份是虚拟的，所以实施虚拟股份激励的公司，既不需要到工商部门或证券交易部门登记，也不用更改公司章程，操作灵活，旨在提升员工的主人翁意识，帮助公司实现更大的发展。虚拟股份激励适合资产扩张型企业、资源整合型企业、投资型企业等，对企业的盈利和资产增值有较高要求。

企业可以利用虚拟股份这一特征，将企业的虚拟股份激励做成在内部充分流动的机制，形成企业内部的"交易所"，最大化体现虚拟股的价值。

华为虚拟股激励，打造企业内部交易所

在公开的工商登记信息中，任正非拥有股权为 1.01%，剩余 98.99% 全部为华为投资控股有限公司工会委员会（以下简称华为工会）持有。

但这显然不能解释这家公司的真正所有人。

在华为深圳总部的一间密室里，有一个玻璃橱柜，里面放了 10 本蓝色的册子。这些册子有助于回答一个困扰美国政府的问题：谁是这家中国大型电信设备企业的真正所有者。

在这些厚达数公分的册子里记录着约 80000 名员工的姓名、身份证号码以及其他个人信息。

华为表示，根据一项"员工股票期权计划"，册中的员工持有公司约 99% 的股份。

一、虚拟股份的来源

每年，表现优异的华为员工会被主管叫到办公室里去，他们通常会得到一份合同，告知他们今年能够认购多少数量公司股票。

这份合同不能被带出办公室，签字完成之后，必须交回公司保管，没有副本，也不会有持股凭证，但员工通过一个内部账号，可以查询自己的持股数量。同时，这些员工不会在工商登记上出现，其股权全部由华为工会代持。

从本质上来说，这只是华为单方认可的员工股权，不是法律上员工具有所有权的股权，而是华为和员工通过契约方式约定的一种虚拟股权。

虚拟受限股（以下称虚拟股），是华为投资控股有限公司工会授予员工的一种特殊股票。拥有虚拟股的员工，可以获得一定比例的分红，以及虚拟股对应的公司净资产增值部分，但没有所有权、表决权，也不能转让和出售。在员工离开企业时，股票只能由华为控股工会回购。

经过十多年的连续增发，华为虚拟股的总规模已达到惊人的134.5 亿股，在华为公司内部，超过 8 万人持有股票，收益相当丰厚。

二、华为虚拟股权的法律性质

华为公司因为长期实行 1 元每股的认购价格，因而也长期实行了每股 1 元回购的做法。这给华为在 2003 年带来一场诉讼，也由此让外界真正窥见华为公司股权的定价机制。

在华为公司股票诞生起，华为员工手中的股票与法律定义的股权就不相同，员工不是股东，而工会才是股东，员工享有的只是某种意义上的合同利益或者权益，而非股权。此时的"员工持股制度"更近乎于一种分红激励和融资手段。

三、员工持股的股权激励制度

在两位员工发难之前，华为公司其实已经决意改变实行了 10 年的员工持股方案。

1998 年，华为公司高层赴美考察期权激励和员工持股制度，一种名为虚拟股的激励制度进入其视野。

虚拟股的体系当中，明确了持股人没有所有权、表决权，且这种股票不必经过证券行业监督管理部门烦琐的审批程序，非上市公司的虚拟股体系也避免了公开市场所带来的股价的波动影响。

2001 年 7 月，华为公司股东大会通过了股票期权计划，推出了《华为技术有限公司虚拟股票期权计划暂行管理办法》。

然而，因为华为不是上市公司，华为公司的虚拟股体系没有公开市场的价格体系参照，华为公司采取的是每股净资产的价格，相关净资产的计算参照四大审计师事务所之一的毕马威公司的审计报告。但具体的计算方式并不公开，即使华为的高层员工也不得而知。

推出虚拟受限股之后，华为员工所持有的原股票被逐步消化吸收转化成虚拟股，原本就不具实质意义的实体股明确变为虚拟股。华为公司股票在虚实之间的悄然转换，意味着其在治理结构上已经从一家号称全员持股公司变成由两个实体股东所控制的公司。

（案例来源：普法堂，中力知识科技整理）

虚拟股权激励主要有以下几个特点：

第一，股权形式的虚拟化。虚拟股权不同于一般意义上的企业股权。公司为了很好地激励核心员工，在公司内部派发一定数量的虚拟股份给公司核心员工，其持有者可以按照虚拟股权的数量，按比例享受公司税后利润的分配。

第二，股东权益的不完整性。虚拟股权的持有者只能享受到分红收益权，即按照持有虚拟股权的数量，按比例享受公司税后利润分配的权利，而不能享受普通股东的权益（如表决权、分配权等），所以虚拟股权的持有者会更多地关注企业经营状况及企业利润的情况。

第三，与购买实有股权或股票不同，虚拟股权由公司无偿赠送或以奖励的方式发放给特定员工，一般不需员工出资，当然也有类似华为的模式需要员工掏钱购买。

作为股权激励的一种方式，虚拟股权激励既可以看作是物质激励，也可以看作是精神激励。

虚拟股权激励作为物质激励的一面，体现在享有一定股权的员工可以获得相应的剩余索取权，他们会以分红的形式按比例享受公司税后利润的分配。虚拟股权激励作为精神激励的一面，体现在持股的员工因为享有特定公司"产权"，以一种"股东"的身份去工作，从而会减少道德风险和逆向选择的可能性。同时，因为虚拟股权的激励对象仅限于公司核心员工，所以持股员工可以感觉到企业对其自身家值的充分肯定，产生巨大的荣誉感。

精冶源虚拟股权激励方案（摘录）

北京精冶源新材料股份有限公司，是一家新三板上市公司。2015年，该公司推出虚拟股权激励方案，有效期从2015年—2017年。

一、定对象

该方案的激励对象主要为中高层管理人员、业务骨干以及对公司有卓越贡献的员工，并从中挑选有过突出贡献、年度表现突出、公司未来急需的员工中进行筛选。

二、定数量

虚拟股权的授予数量，根据虚拟股权激励对象所处的职位确定股权级别及其对应基准职位股数，根据个人能力系数和本司工龄系数确定计划初始授予数量，根据年终绩效考核结果确定当年最终授予虚拟股权数量。

虚拟股权的初始授予数量＝基准职位股数 × 能力系数 × 本司工龄系数

虚拟股权的最终授予数量＝虚拟股权的初始授予数量 × 绩效考核系数

1.股权级别及职位股数确定

详见股权级别（职位股数）评定表：

表 5-4-1 股权级别（职位股数）评定表

股权级别	评定标准	基准职位股数（股）
1 级	通过指令能基本完成本岗位的工作任务	10000
2 级	能够独立、合格地完成本岗位的工作	15000
3 级	通过自己的技术专长或团队管理能较好地完成本岗位工作	20000
4 级	通过他人或团队管理能完成工作目标，业绩卓越且能保持团队稳定	25000

2.个人能力系数

个人能力系数由公司根据下表所列能力评定标准，结合员工个人学历、工作经历及在公

司的工作表现等因素进行综合评定。详见能力系数评定表：

表 5-4-2 能力系数评定表

能力等级	能力评定标准	能力系数
中级	·熟练运用所掌握知识、技能完成一般复杂程度的工作； ·对工作相关风险或潜在问题具有一般的认知与把控能力； ·能够将岗位相关经验应用于工作实际。	1.0
高级	·精通某一方面知识或技能的工作应用； ·能够独立处理富有挑战性和复杂的事项； ·能够带领一定规模的团队开展相关工作。	1.1
专家级	·能被征询意见，解决本职工作领域相关的复杂技术问题； ·能对其掌握的知识、技能提出战略性建议或作出合理调整； ·对公司业务及其工作有敏锐的洞察力并提出解决方案。	1.2

3. 工龄系数

详见本司工龄系数表：

表 5-4-3 工龄系数表

本司工龄	本司工龄系数
3 年（含）以下	1.0
3 年—5 年（含）	1.1
5 年以上	1.2

三、定考核

每年业绩目标为：年度净利润增长率不低于 20%（含 20%）。业绩目标未能实现的，不得授予分红权激励基金。

1. 考核内容

每年年初，根据激励对象所在岗位的岗位职责，确定考核内容，

包括工作态度、工作能力和工作业绩等方面的考核，其中工作业绩是重点考核内容。

2.考核结果与绩效系数

每年年初，公司对上年度的个人绩效作评估，评定激励对象的考核结果和绩效系数。其结果作为激励对象参与股权激励基金分配的依据之一。详见绩效系数确定标准：

表 5-4-4 个人绩效考核表

序号	绩效评级	绩效系数
1	优异	1.5
2	良好	1.2
3	达标	1.0
4	不达标	0

四、定退出

从激励对象离职或被解雇之日起所授予虚拟股份自动丧失；不再享有任何分红权。

（案例来源：北京精冶源新材料股份有限公司 2015 年 11 月 12 日公告）

第五节 股票增值权：关注企业的内在价值

股票增值权，也属于虚股的一种，激励对象不实际拥有股票，不拥有股东表决权、分红权，也不能转让和用于担保、偿还债务等。每一份股票增值权与一股股票挂钩。每一份股票增值权的收益＝股票市价—授予价格。其中，股票市价一般为股票增值权持有者签署行权申请书当日的前一个有效交易日的股票收市价。股票增值权激励模式一般在已上市（或即将上市）的公司中运用较多，因为容易确定股票价格。

股票增值权的有效期长短不等，一般为授予之日起5—8年。

股票增值权，是指公司授予激励对象的一种权利，如果公司股价上升，激励对象可通过行权获得相应数量的股价升值收益，行权时无须支付现金，行权后获得现金或等值的公司股票。假设一高管被授予10万股的股票增值权，授予时股价5元，而到行权时股价涨到10元，每股股票增值5元，那么该高管就可获得50万元的激励。

一、股票增值权≠股权

本质上，授予激励股票增值权，并非授予公司的实股股权，只享受股票增值收益权，不影响公司的所有权和控制权。所以这种激励方式不用去工商部门办理变更登记，也不需要证监会审批，操作流程简单。

当然，股票增值权也是一种权利，既然是权利，就对应着有义务：只有达到目标才能行权，享受股票增值带来的收益；若达不到目标或不行权，所谓的增值权自动失效。

股票增值权的特性，决定了这种激励方式更适合现金流充裕的公司。股票增值部分的收益，来源于公司的净利润。激励对象在行权时，公司需支付一笔现金给员工，特别是公司股价在短期遇到爆炒的情况下，对公司的现金流会造成一定压力。

股票增值权并非实股股权，不影响公司的所有权，但其激励效果也面临不可控的局面。从逻辑上讲，股票增值权激励模式，是通过股价波动的差价而给予激励对象的奖励，其逻辑是这样的：激励员工积极性→员工做大业绩→推动公司股价上涨→股价增值收益奖励员工。但实际上，二级市场的股价波动不一定与公司业绩正相关，影响股价波动的因素相当多，比如 A 股的一大特点就是炒概念，股价大幅上涨可能与公司业绩并无关系。在这种情况下，给激励对象授予股票增值权，容易造成员工投机心理，而不一定会努力做大业绩；或者行权时的股价比授予时的股价低，激励对象放弃行权，导致激励失败。

二、"敏感时间"碰不得

表面上看，股票增值权虽然操作比较简单，但在实际操作中，仍然有几个风险点值得特别留意，一旦处理不当，会让激励方案前功尽弃，甚至成为阻碍公司发展的"坑"。

风险点一，如何确定激励对象。通常为公司核心骨干人员，如董事、监事、高级管理人员、核心技术人员、核心业务人员等。定多了、定少了，都难以达到激励的效果。

风险点二，如何确定授予日与行权日。一般情况下，授予日与行权日应为股票交易日，但为求公平、公正，在公司定期报告前 30 日内、业绩预告（快报）公告前 10 日内、可能影公司股价的重大事件发生之日起至公告后 2 个交易日内，均不宜授予 / 行权。这些敏感时间，可能对公司股价造成较大波动。

风险点三，如何确定考核目标。考核目标分为公司业绩考核和激励对象绩效考核两个层面。公司业绩层面，通常会以营业收入、利润、净资产收益率等财务指标为考核指标，若某一年没达到业绩目标，则当年可行权的股票增值权作废；个人绩效考核层面，则要根据激励对象所在岗位的具体情况而定，但需要说明的是，若激励对象某年业绩未达标，则当年可行权的份额将被取消。

风险点四，如何设定行权时间。理论上，激励对象可以在约定时间内一次性行权，但在实际操作中，为了避免二级市场股价波动与公司业绩非正向相关的负面影响，多数公司采取的都是阶梯式行权出售的办法，即在长达几年的周期内，约定多个行期日，通常为每年行权出售一次，并约定每期行权出售的数量,这样一方面可以在较长时间内将核心员工留在公司；另一方面也避免了股价短期内的波动影响，让激励对象更多地关注业绩，而非股价的波动。

合全药业 2017 年股票增值权激励计划（摘录）

一、激励对象的确定原则

激励对象为下列人员：

1. 公司董事（不包括独立董事）、监事、高级管理人员；

2. 公司核心技术（业务）人员。

除公司董事、监事外，其他所有激励对象必须在本计划规定的考核期内，在公司或其控股子公司中任职并与公司或其控股子公司签署劳动合同，或系其他企业委派到公司或其控股子公司全职工作的人员。激励对象经考核合格后方可具有被授予股票增值权的资格。

根据上述确定依据及原则，在本计划项下拟授予股票增值权的激励对象共计 5 名。

二、授予股票增值权的数量

本计划拟向激励对象授予的股票增值权 4.1 万份，涉及的虚拟股票数量为 4.1 万股，占本计划生效日公司股份总数 13227.0091 万股的 0.0310%。

三、股票增值权计划的有效期、等待期、行权安排

1. 有效期

本计划的有效期为自授予日起 10 年。

2. 等待期

等待期是指股票增值权授予日至股票增值权可行权日之间的时间，本计划股票增值权的等待期为 24 个月，自确定的授予日起算。

3. 行权安排

本计划项下的股票增值权，在满足本计划规定的相关行权条件的前提下，激励对象可在各自等待期起始之日起 72 个月内分 4 期行使，具体行权安排，如表 5-5-1 所示。

表 5-5-1 行权计划表

行权期	行权时间	可行权数量占激励对象获授股票增值权数量的比例（%）
第一个行权期	自等待期届满之日后的首个交易日起至等待期届满之日起 12 个月内的最后一个交易日当日止	20
第二个行权期	自等待期届满之日起 12 个月后的首个交易日起至等待期届满之日起 24 个月内的最后一个交易日当日止	20
第三个行权期	自等待期届满之日起 24 个月后的首个交易日起至等待期届满之日起 36 个月内的最后一个交易日当日止	20
第四个行权期	自等待期届满之日起 36 个月后的首个交易日起至等待期届满之日起 48 个月内的最后一个交易日当日止	40

激励对象必须在股票增值权行权有效期内行权完毕。若在上述行权期内未行权或部分行权的，视为相关激励对象放弃未行权部分股票增值权，该股票增值权由公司注销或届时经股东大会、董事会决议对该等可行权份额进行其他安排。

四、股票增值权的行权条件

本计划在 2017 年—2021 年五个会计年度中，分年度进行绩效考核并行权，每个会计年度考核一次，以达到绩效考核目标作为激励对象的行权条件。各年度绩效考核目标，如表 5-5-2 所示。

表 5-5-2 各年度绩效考核表

行权期	绩效考核目标
第一个行权期	行权期前一年度，如为 2018 年，则营业收入不低于 18.75 亿元；如为 2019 年，则营业收入不低于 20.625 亿元；2020 年及以后年度不做业绩要求
第二个行权期	如为 2019 年，则营业收入不低于 20.625 亿元；2020 年及以后年度不做业绩要求
第三个行权期	营业收入不做业绩要求
第四个行权期	营业收入不做业绩要求

本计划有效期内，根据公司内部相关考核制度及标准，激励对象每次行权前一个年度的年终考核结果在合格以上（即行权前一年度年终考核在 B 以上，包括 B），激励对象当期全部可行权份额方可行权；若行权前一年度年终考核不合格（即行权前一年度年终考核低于 B），则激励对象所获股票增值权当期全部可行权份额由公司注销。

（案例来源：上海合全药业股份有限公司 2016 年 4 月 21 日公告）

第六节 账面价值增值权：只做业绩不问股价

账面价值增值权，是指直接用每股净资产的增加值来激励核心员工的激励模式。从名字上看，账面价值增值权与股票值增值权非常像，实际上，账面价值增值权就是从股票增值权衍生出来的一种激励模式。

一、内生驱动，无关公司股价表现

账面价值增值权与股票增值权最大的区别在于，后者是将股权的增值收益奖给激励对象，而前者是将公司每股净资产的增加值奖给激励对象。这种做法，有效避免了股价波动对激励收益的影响，从而将激励对象的"心思"将股票价格拉回到公司业绩上——只有业绩提升了，公司的每股净资产才会增长，自己的收益才能兑现。

当然，账面价值增值权也有与股票增值权相同的地方，它们都不是真正意义上的股票，都没有所有权、表决权、配股权，都不用去工商部门变更登记、修改公司章程，操作简便。

账面价值增值权有两种实施形式，购买型和虚拟型。购买型，是指激励对象在期初需要出资购买，期末再由公司回购；虚拟型，则无须激励对象出资，期初由公司免费赠予，期末公司支付相应的增长收益。

二、难以产生强激励效果

账面价值增值权不能流通、转让或继承，员工离开企业将失去其权益。另外，每股净资产反映的是公司的业绩水平，公司盈利水平越强，每股净资产就越高，所以这种激励模式有利于稳定员工队伍，激励员工把全部精力用在提升每股净资产上。

股票增值权激励法，最担心的是怕激励员工只关注股票涨跌而不关注企业业绩成长，账面价值增值权则能避免这种担忧。每股净资产＝股东权益÷总股本，从公式可以看出，实施这种激励模式，激励对象最终获得的奖励与股价无关，这就能激励员工将更多精力用于提升企业业绩。但这也同时表明，账面价值增值权难以产生强激励效果，因为一般情况下，一家公司每股净资产的波幅远小于股价波幅，即在缺乏资本市场杠杆作用的情况下，激励对象能获得的增长收益有限。

正因为账面价值增值权上述两个特点，它更多适用于净资产增长较快的非上市公司。同时，它对公司的经营现金流也有一定要求，因为兑付给激励对象的增值收益，最终是以现金方式支付的。

TCL 的"增量增值激励计划"

TCL 集团创办于 1981 年，是一家从事家电、信息、通讯产品等研发、生产及销售的大型国有控股企业。1996 年左右，在看到国企效率低下的问题后，董事长李东生决定实施股权激励，激发核心团队的斗志，提升企业效率。但作为国有企业，产权问题一直是困扰企业的最大难题。

既要实现国有资本的保值增值功能，又要有较大的激励力度，还要解决产权难题，该怎么办？李东生决定在增量上做文章。

1997 年，李东生与惠州市政府签订了为期 5 年的授权经营协议：每年企业净资产增长不得低于 10%；如果增长在 10%—25%，管理层可获得其中的 15% 的股权激励；增长 25%—40%，管理层可获得其中的 30%；增长 40% 以上，管理层可获得其中的 45%。

跟所有股权激励工具一样，得到奖励的前提是必须要有业绩考核。该协议还规定，若净资产增长低于 10%，管理层将被实施扣发基本工资、行政处罚、免除职务等处罚；若经营性国有资产减少，每减少 1%，则扣罚经营班子预缴保证金的 10%，直至扣完；若经营性国有资产减值达到 10%，则进行行政处罚、免除职务等处理。

当年，李东生为此向政府缴纳了 50 万元保证金，开启了 TCL 的新征程。从 1997 年—2001 年，TCL 集团净资产大幅增长，最高增长 80%，最低增幅也有 24%。相应地，李东生等人也获得了相应的奖励。TCL 集团实施的账面价值增值权激励方案，实现了国家、地方、企业、管理团队的多赢。

第七节 延期支付：今天所得赌未来

延期支付计划（Deferred Compensation Plan）也称延期支付，是指公司将管理层的部分薪酬，特别是年度奖金、股权激励收入等按当日公司股票市场价格折算成股票数量，存入公司为管理层人员单独设立的延期支付账户。在既定的期限后或在该高级管理人员退休以后，再以公司的股票形式或根据期满时的股票市场价格以现金方式支付给激励对象。

在延期支付激励方式下，激励对象获得的股票源自年终奖等奖金的一部分，相当于自己出资购买，收益则来自公司股票上涨形成的差价，即行权时的股价与授予时的股价差。但若行权时公司股价下跌，甚至比授予时的股价低，激励对象的利益就会遭受损失。

假设，一名高管获得公司授予的延期支付奖励，其个人年终奖、股权激励奖等奖励共约50万元，授予日当日公司股价为10元，这50万元就换作了5万股的股票，延期5年支付。5年后，若而该公司股价上涨到20元，而该高管达到业绩标准，那么他获得奖励总额为20×5万=100万（元）。也就是说，通过延期支付计划，这名高管额外获得了50万元的奖励。

一、规避短视行为，长期利益共同体

延期支付将激励对象的部分薪酬、奖励换成公司股票后，一般来说锁定期较长，这增加了激励对象的退出成本，让激励对象将个人利益与公司

长远发展捆绑在一起，并千方百计做大公司业绩，以提升公司股价。因为只有这样，个人才能拿到本属于自己的奖金，并且还能拿到更多的奖励。

一般来说，公司高管或核心骨干的年终奖较为丰厚，公司若一次性支付，可能会对公司的经营现金流造成压力，而将这些大额资金延期到未来若干年分次以股票形式发放，在一定程度上缓解了公司资金压力。另外，延期支付还具有减税的效果。因为通过延期支付，相当于把激励对象的高额奖励收入分摊到未来若干年分次发放或者兑换成股票，间接地起到了减税的作用。

当然，延期支付也有不足这处，最主要的体现是激励力度难以确定。延期支付的激励对象要想拿到更多奖励的前提，是公司股价在锁定期后能够大涨，但二级市场股价波动较大，若届时股价与锁定前相差不大甚至还大幅下跌，激励效果就会大打折扣。所以，延期支付通常适用于业绩稳定、处于成长期的公司。

二、支付方式宜用递延法

如何确定锁定时间，一直是延期支付的难点之一。锁定期过短，激励对象可能会更多地关注公司股价变动而不是专注于公司业绩成长，难以实现激励的目的；若锁定期过长，激励对象等待时间太长，也可能会起反作用，难以调动激励对象的积极性。如何设置锁定期，是个难题。

另外，如何设计延期支付的递延兑付时间，也令决策者头疼。因为延期支付的锁定期较长，若公司一直等到锁定期结束才支付奖金，激励对象显然不太乐意接受这种方案。所以在实际操作中，很多公司采取递延支付的方式。即在未来几年内，若激励对象达到当年业绩考核要求，则当年可兑现一次，如第一年支付20%，第二年支付20%，……若当期业绩考核不合格，则取消当年的延期支付奖金，但不影响其他年度的延期支付奖金。这种递延支付的方式，每年授予一次，可以实现激励对象与公司利益长期捆绑。但如何设置每年支付的比例及考核标准，则需要与激励对象协商。

鄂武商 A 经营者薪酬管理办法（2017 年）（摘录）

一、适用范围：公司经营者系指在公司支取薪酬的高层管理人员，包括董事长、总经理和其他高级管理人员。

二、薪酬管理及兑现方式

（一）薪酬构成

董事长年度薪酬由基薪和绩效年薪构成，计算公司如下：

董事长年度薪酬 = 基薪 + 绩效年薪

1. 基薪：是指董事长的年度基本收入，由公司根据历史薪酬水平、同类上市公司高级管理人员薪酬水平、武汉市上年岗平工资水平等因素确定，按月发放。

2. 绩效年薪：是指与董事长年度考核评价结果相联系的收入，体现经营者业绩水平，根据绩效年薪基数和公司年度综合评价得分确定。

（1）绩效年薪在考核当年发放 70%，30% 延期兑付。

（2）绩效年薪可按月预支绩效年薪基数 70% 中的 30%。

3. 延期兑付：延期绩效年薪在经营者任期届满或离任时，根据审核结果予以兑现。延期兑付薪酬可在公司实施股权激励时作为资金来源之一。

（二）绩效年薪

1. 绩效年薪 = 绩效年薪基数 × 年度综合评价得分 /100

2. 绩效年薪基数为考核前两个年度的实际发放绩效年薪的平均值。

3. 年度综合评价得分＝定量指标得分 × 业绩评价系数＋定性指标得分＋加分指标得分－扣分指标得分。

4. 业绩评价系数根据企业营业收入、利润总额、人均利润总额等因素综合确定，三项指标权重分别为 30%、40%、30%。

（三）董事长年度薪酬分配系数为 1，其他经营者分配系数取值区间为 0.4—0.9。其他经营者分配系数的确定：上市公司建立岗位评估和业绩评价体系，根据经营者岗位职责、风险和贡献确定分配系数，合理拉开薪酬差距。

（案例来源：武汉武商集团股份有限公司 2017 年 4 月 21 日公告）

第八节 期权激励：今天付出，明天收益

期权，是指公司授予激励对象在未来一定期限内以预先确定的价格和条件购买本公司一定数量股份的权利，对激励对象来说是一种选择权，激励对象可以选择行权，也可以选择不行权。激励对象获授的股票期权不得转让、用于担保或偿还债务。

持有这种权利的激励对象，可以在规定的时间内以事先约定的价格购买公司股份，这个过程称为行权。在行权之前，期权持有人不享有任何股东权利，没有任何现金收益；行权时，个人收益为行权价与行权日市场价之间的差价收益。激励对象可以在规定的时间内自行决定何时出售行权所得股份。具体如图 5-8-1 所示。

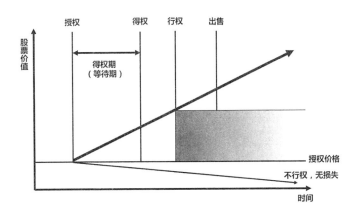

图 5-8-1 股份期权模型

期权激励方式，对上市公司和非上市公司均适用，公开发行股票的挂牌或上市公司叫股票期权，非上市公司叫股份期权。期权相对来说更适合人力资本为主的创业公司和上市公司。

如某公司决定授予某高管股票期权1万股，该高管必须连续在公司服务3年，且业绩考核达标后，即可以5元/股的价格购买1万股该公司股票。3年后该高管行权时，公司股票价格已涨至10元/股，那么该高管行权时获益为：（10-5）×1万=5万（元）。

一、期权是一种选择权

期权在授予时不需出资，在行权时出资购买，只有出资购买才能真正获得股份。若激励对象选择不行权，就意味着他放弃了期权，他也就不用出资了。这样的好处是可以保障激励对象的权益，比如行权价为5元，但到了行权日公司股价却跌到3元，此时激励对象可以选择不行权。

二、期权激励关键点

期权是应用最为广泛的股权激励方式之一，特别是其自由选择是否行权的模式，深受公司和激励对象推崇，但要让期权发挥预期的效果也不是件容易的事情，需要解决好以下几个关键点。

1. 如何确定激励的额度。

非上市公司激励额度有较大灵活度，无论是激励总额度还是单个激励对象的激励额度，都可以根据实际情况而定。

上市公司全部在有效期内的股权激励计划所涉及的标的股票总数累计不得超过公司股本总额的10%。非经股东大会特别决议批准，任何一名激励对象通过全部在有效期内的股权激励计划获授的本公司股票，累计不得超过公司股本总额的 1%。

2. 如何确定激励的价格。

非上市公司制定期权激励方案的时候，要合理预估届时公司股份可能达到的价格，以此来制定合理的行权价。若行权时股份价格低于行权价则会导致激励对象放弃行权，就失去了激励意义，起不到激励效果，甚至起到负面作用。

上市公司在授予激励对象股票期权时，应当确定行权价格或者行权价格的确定方法。行权价格不得低于股票票面金额，且原则上不得低于下列价格较高者：

（1）股权激励计划草案公布前 1 个交易日的公司股票交易均价；

（2）股权激励计划草案公布前 20 个交易日、60 个交易日或者 120 个交易日的公司股票交易均价之一。

上市公司采用其他方法确定行权价格的，应当在股权激励计划中对定价依据及定价方式作出说明。

3. 如何确定行权时间。

激励对象要行权，必须约定一定时间的等待期。若等待期太短，可能造成员工短视，不关注公司长期发展；若等待期太长，员工可能会耐心不足，同时又充满不确定性，增加了收益风险。

一般等待期不低于一年，两次行权期间隔不低于 1 年，建议行权期一般设定 3—5 年。

上市公司股票期权授权日与获授股票期权首次可行权日之间的间隔不得少于 12 个月。在股票期权有效期内，上市公司应当规定激励对象分期行权，每期时限不得少于 12 个月，后一行权期的起算日不得早于前一行权期的届满日。每期可行权的股票期权比例不得超过激励对象获授股票期权总额的 50%。当期行权条件未成就的，股票期权不得行权或递延至下期行权。

股权激励计划的有效期从首次授予权益日起不得超过 10 年。

图 5-8-2 期权行权期示意图

4. 如何确定行权条件。

激励对象能否有资格行权购买股份，则与其考核期内的表现有关，一般对激励对象的考核有公司级目标考核和个人绩效考核两个维度，每一个考核期内，根据其考核结果确定可行权股份数量。如某激励对象 3 年的期权考核结果，如表 5-8-1 所示。

表 5-8-1 期权考核方式示例

考核时间	2015 年 1 月 20 日	2016 年 1 月 20 日	2017 年 1 月 20 日
考核结果	95%	90%	100%
可行权数量	20 万股	18 万股	22 万股
		三年平均值：	20 万股

说明：为方便计算和理解，此处可行权数量并非实际比例计算所得。

5. 如何确定退出条件。

一般来说，激励对象对行权后的期权拥有所有权、分红股权、表决权等权益，而对未行权的期权不拥有任何权益。

表 5-8-2 期权退出方案示例

退出情形		已行权股份	未行权股份
上市公司		自行处置	终止行权，进行注销
非上市公司	正常情形	1. 激励对象离职后继续持有 2. 大股东或其指定人按照退出时净资产回购 3. 大股东或其指定人按照退出时的价格回购 4. 大股东或其指定人按照原始出资加上档期银行存款利率（或约定固定年化利率）回购 5. 大股东或其指定人按照原始出资回购	终止行权，纳入激励池或注销废止
	非正常情形（触犯公司"电网"行为）	大股东或其指定人按照原始出资回购	

广东某医疗投资控股有限公司期权激励计划（摘录）

一、确定激励对象

（一）激励的范围

本激励计划授予的激励对象范围如下：

1. 公司总监级（不含副职）以上高层管理人员；

2. 经营管理委员会提名的优秀中层管理人员，核心业务、技术骨干人员，共计不超过 20 人。

3. 根据公司未来发展需要，经董事会特别认定的其他特殊人才。

（二）激励对象进入条件

激励对象须同时满足以下条件：

1. 任职时间：所有激励对象必须为已经转正的公司正式员工。

2. 公司认可：总监级（含）以上管理岗位须通过董事会批准，中层管理人员、核心业务、技术骨干人员须通过经营管理委员会批准。

二、确定激励的总体额度

公司目前注册资本为 3000 万元，设定为 3000 万股，本计划拟授予激励对象期权数量为 192 万份，对应的 192 万股的公司股份，占公司总股本 6.02%。其中，授予总裁级、总监级（不含副职）以上高层管理人员 105 万份（含首次授予的 85 万份和预留授予的 40 万份），授予中层管理人员、核心业务、技术骨干人员 38 万份，预留授予董事会特别认定的其他特殊人才 29 万份。

三、确定实施计划

（一）有效期

本激励计划有效期自 2019 年 1 月 1 日起至 2023 年 12 月 31 日止，共 5 年。

（二）授权日

授权日指激励对象满足进入条件，通过经营管理委员会／董事会审核，获授期权并签订《期权授予协议》之日。"高层管理人员"共设定三个授权日，分别为 2019 年 1 月 1 日，2019 年 7 月 1 日，2020 年 1 月 1 日。"高层管理人员预留部分""其他特殊人才"和"中层核心骨干"的授权日为 2020 年 6 月 30 日。

（三）考核期

本计划中"高层管理人员"的考核周期为 6 个月，授予批次不同激励对象的考核期长度不同。

（四）行权期、可行权日

行权期指股权激励对象行使获准行使期权购买权利的时间，为 2020 年 7 月 1 日—9 月 30 日。行权期内，公司根据考核结果，确定激励对象获准行权股份数量，激励对象出资认购并由公司在 2020 年 12 月 31 日前根据认购情况统一为激励对象办理工商变更登记手续。期权可行使之日即为可行权日，行权截止日为 2020 年 9 月 30 日。

（五）锁定期、解锁日

本激励计划锁定期自工商变更登记之日至股份解锁日止，即 2023 年 12 月 31 日，激励对象的股份解锁。若在此日期之前公司上市，则激励对象获得的股份自动解锁。

股份在锁定期内，激励对象对所持股份不享有处分权（包括抵押、质押和转让权）。

表 5-8-3 各批次锁定期及行权期

授权批次	授权日	考核期	行权期
第一批授予高层管理人员	2019 年 1 月 1 日	2019 年 1 月 1 日—6 月 30 日 2019 年 7 月 1 日—12 月 31 日 2020 年 1 月 1 日—6 月 30 日	2020 年 7 月 1 日—9 月 30 日
第二批授予高层管理人员	2019 年 7 月 1 日	2019 年 7 月 1 日—12 月 31 日 2020 年 1 月 1 日—6 月 30 日	2020 年 7 月 1 日—9 月 30 日
第三批授予高层管理人员	2020 年 1 月 1 日	2020 年 1 月 1 日—6 月 30 日	2020 年 7 月 1 日—9 月 30 日
预留授予高层管理人员	2020 年 6 月 30 日	—	2020 年 7 月 1 日—9 月 30 日
预留授予中层核心骨干	2020 年 6 月 30 日	—	2020 年 7 月 1 日—9 月 30 日
预留授予其他特殊人才	2020 年 6 月 30 日	—	2020 年 7 月 1 日—9 月 30 日

（六）禁售期

若公司上市，为了保障上市公司的持续经营和股权价值发展，激励对象同意所在持股平台有限合伙企业的在上市之日起限售3年的相关规定。

四、确定行权条件

（一）不同批次授权安排与各考核期可行权股份数量

表 5-8-4 各批次行权条件及比例

授权批次	2019年1月1日—6月30日授权比例（%）	2019年7月1日—12月31日授权比例（%）	2020年1月1日—6月30日授权比例（%）	合计授权比例（%）
第一批授予高层管理人员	30	30	40	100
第二批授予高层管理人员	—	30	30	60
第三批授予高层管理人员	—	—	30	30

考核周期为6个月，每个考核周期结束后次月由董事会公布各激励对象考核结果并确认当期可行权期权额度，计算方式如下：

某考核周期可行权股份数量 = 当期个人绩效系数 × 当期获授期权数量

其中，当期个人绩效成绩与绩效系数对应关系，如表5-8-5所示。

表 5-8-5 个人绩效考核表

考核等级	A级卓越	B级优秀	C级良好	D级合格	E级待改进
评价得分	91—100分	81—90分	71—80分	61—70分	60分以下
绩效系数	1.2	1.1	1.0	0.7	0

（二）行权条件

1. 本股权激励计划可行权日为 2020 年 7 月 1 日，行权期为 2020 年 7 月 1 日—9 月 30 日。

2. 触发激励对象股份行权的公司业绩指标：截至 2020 年 6 月 30 日，且归属母公司股东的净利润不低于 × 万元。

3. 在满足上述条件后，各激励对象实际可行权股份数量，计算公式如下：

可行权股份数量总额 ＝（第一个考核期可行权股份数量 ＋ 第二个考核期可行权股份数量 ＋ 第三个考核期可行权股份数量）

4. 激励对象最终行权需在满足上述条件的基础上，经董事会评估审核通过。

（案例来源：前海股权事务所、中力知识科技）

第九节 期股激励：现在买，买未来

期股激励，即限制性股权（票）激励。限制性股权（票）是指激励对象按照股权激励计划规定的条件，获得的转让等部分权利受到限制的本公司股票。限制性股权（票）激励即公司向激励对象授予限制性股票，此股票为限售股，只有考核达标后方可解除限售。

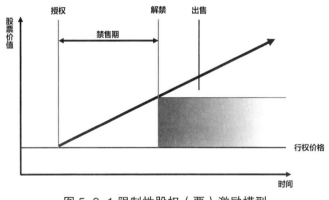

图 5-9-1 限制性股权（票）激励模型

限制性股票的"限制"特性，体现在两个方面：一是时间上的限制，即有锁定期，一般为 3—5 年；二是业绩考核，只有达到预先设定的考核目标，方可按照约定的期限和比例将股票解锁。

在实践中，限制性股票分为两种操作形式：折扣购股型限制性股票和业绩奖励型限制性股票。折扣购股型限制性股票，是指激励对象须出资购股，当然，价格相对于二级市场价格有一定折扣；业绩奖励型限制性股票，是指激励对象不用出资购股，公司从二级市场购买公司股票，再授予激励对象。

举例说明，一名高管获得公司授予的 5000 股限制性股票（业绩奖励型），锁定期 5 年。5 年后，该高管业绩考核达标股份全部解锁，此时该公司股价为 20 元，他可以通过出售股票获利 10 万元。

一、期股与期权不可混淆

期股与期权在定义上有些相似，但实质上有较大差别：期权是获得的购买权，先获得资格，后掏钱购买；期股是获得资格的同时获得股份，但股份是附有限制条件的。相对来说期权更适合于创业公司；期股更适合发展前景较为明朗的公司。

期股	区别项目	期权
现在买，买未来	购买时间	未来买
企业发展明朗、相信企业	激励对象	未来未知，需一起创造
共创、共享、共担	出发点	共创、共享
完不成条件，股份回购	行权条件	完不成条件，不得购买股份

图 5-9-2 期股与期权的定义区别

从图 5-9-2 可以看出，期股是实施时立即购买的行为，股票权益在未来兑现；期权则是将来购买的行为，购买之时也是权益兑现之时。

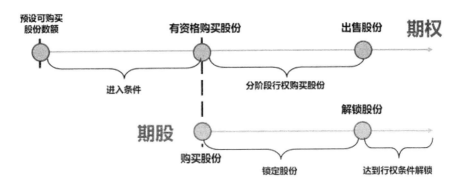

图 5-9-3 期股与期权兑现的时间节点区别

二、期股激励关键点

因为期股的限制性特点，越来越多的公司采取期股激励方式，上市公司 60% 以上都采取的是期股激励模式。要想将期股激励落实到实处，发挥激励作用，以下几个关键点需要注意：

1. 关键点一，激励价格。

非上司公司进行期股激励时，建议以公司净资产为参考作价，同时兼顾外部投资者进来的价格，给到员工的激励价格都不要太高，否则激励性会大打折扣。

上市公司在授予激励对象限制性股票时，应当确定授予价格或授予价格的确定方法。授予价格不得低于股票票面金额，且原则上不得低于下列价格较高者：

（1）股权激励计划草案公布前 1 个交易日的公司股票交易均价的 50%；

（2）股权激励计划草案公布前 20 个交易日、60 个交易日或者 120

个交易日的公司股票交易均价之一的 50%。

上市公司采用其他方法确定限制性股票授予价格的，应当在股权激励计划中对定价依据及定价方式作出说明。

2. 关键点二，激励额度。

非上市公司激励额度根据企业所处的阶段、股权布局、资本规划、企业性质、激励人数等统筹考虑，合理设定激励额度，既要避免激励不足也要防止激励过度。

上市公司全部在有效期内的股权激励计划所涉及的标的股票总数累计不得超过公司股本总额的 10%。非经股东大会特别决议批准，任何一名激励对象通过全部在有效期内的股权激励计划获授的本公司股票，累计不得超过公司股本总额的 1%。

3. 关键点三，激励周期。

对激励对象而言，通过限制性股票获得的收益主要不是来自于分红和增值，而是来自股票的溢价，即未来的价值回报。该模式的限制期一般为4—5 年。

图 5-9-4 期股解锁示意图

上市公司限制性股票授予日与首次解除限售日之间的间隔不得少于12 个月。

在限制性股票有效期内，上市公司应当规定分期解除限售，每期时限不得少于 12 个月，各期解除限售的比例不得超过激励对象获授限制性股票总额的 50%。

当期解除限售的条件未成就的，限制性股票不得解除限售或递延至下期解除限售，上市公司应当回购尚未解除限售的限制性股票，并按照《公司法》的规定进行处理。若由公司回购，未行使权益的股票回购价格不得高于授予价格；其他情形的，回购价格不得高于授予价格加上银行同期存款利息之和。

4. 关键点四，考核指标。

考核指标应包括公司考核指标和激励对象个人考核指标。

公司考核指标应包含财务指标和非财务指标，上市公司可以公司历史业绩或者同行业可比公司相关指标为对照依据，上市公司对照同行业可比公司的相关指标设计解锁条件的，可比对象应当具体明确，且不少于三家，包括净利润增长率、业绩增长率、净资产增长率、净资产回报率等等。

个人绩效考核根据岗位不同而不同，建议设定关键战略目标进行考核，同时辅以价值观方面的考核指标。

5. 关键点五，退出条件。

一般来说，限制性股份激励模式，激励在锁定期、解锁后退出都需按照激励方案约定价格退出，企业可根据自身实际情况进行具体约定。

某企业限制性股权激励退出机制如下：

激励对象获受购买的股份在其离职时须退股，其股份由公司大股东或其指定人回购，不同情况下退出及回购价格，如表 5-9-1 所示。

表 5-9-1 某企业限制性股权激励退出机制

退出方式		情形	锁定期	锁定期满
正常情形	退股、辞职	主动提出退股	大股东或其指定人回购，回购价格为（原出资购买价格＋约定年化收益）或退出时的净资产价格孰高者	每年可以卖出不超过自己所持股份的约定，年化收益约定或退出时的净资产价格孰高者。第二年就辞职，所有股份按照约定年化收益退出或退出时的净资产价格孰高者。
		主动辞职		
		考评不合格退股		
		个人原因被辞退		
		公司战略调整等非个人原因被辞退		大股东或其指定人回购，回购价格为（原出资购买额＋约定年化收益）或退出时的净资产价格孰高者。
	退休亡故等	合同期满不续约离职	大股东或其指定人回购，回购价格（原出资购买价格＋约定年化收益）或退出时的净资产价格孰高者	
		退休		
		去世		
		生病无法继续工作		
		丧失行为能力		
	离婚	离婚	由激励对象回购因离婚造成的分割股份，若激励对象不回购，由大股东回购，大股东回购价格为（原出资购买价格＋＋约定年化收益）或退出时的净资产价格孰高者	由激励对象回购因离婚造成的分割股份，若激励对象不回购，由大股东回购，大股东回购价格为（原出资购买额＋约定年化收益）或退出时的净资产价格孰高者
非正常情形	触犯红线	刑事处罚	大股东或其指定人回购，回购价格为原出资购买价格	
		激励对象失职、渎职或故意等情形且给公司造成重大损失		
		激励对象与公司发生同业竞争		
		公司董事会认定的其他恶性情形		

其他未说明的情况由董事会认定，并确定其处理方式。

上海某汽车后市场公司带前置条件的限制性股份激励
计划实施方案（摘录）

一、激励对象：公司核心高管、中层管理人员。且须具备以下三点要求：

1. 员工能胜任工作岗位，并保质保量完成工作任务；

2. 具备创业精神和主人翁精神，与公司价值观一致；

3. 在激励周期内，无违反公司规定和违法行为。

二、激励时间周期：2016 年 4 月 1 日—2018 年 3 月 31 日为股权激励考核周期；行权有效期为 30 天；2019 年—2021 年度为锁定期。

三、股份来源：以 2016 年新增发股数的 10% 作为可授予额度给予被激励对象。按照中力 3P 评估法，确定每位激励对象的个人股数。如总经理可授予 60062 股。

业绩考核：

表 5-9-2 业绩考核表

平均考核成绩	可行权股份额度比例（%）
＜0.8	不享有
0.8—1	80
≥1	100

员工对其行权所购买的股份享有分红权、增值权和投票权。

四、行权方式：现金购买

五、行权期限：公司将于 2018 年 3 月 31 日前公布员工可行权股份额度。行权期限截至 2018 年 4 月 30 日。行权期限截止后，未行权的员工将不再继续享有行权权利，公司将收回其可行权股份额度。

六、行权价格：按 2016 年净资产价格 1.5 元人民币 / 股行权。

七、锁定期：行权后并需要锁定 3 年方可套现。届时若公司已经上市，被激励对象在锁定 3 年后可以通过持股公司在二级市场套现；若没有上市，被激励对象在锁定 3 年后可主动要求退出，则公司以上一年度审计后每股净资产价格回购。

（案例来源：前海股权事务所、中力知识科技）

第十节 业绩股票：有业绩就有长远回报

业绩股票激励模式，是指公司与激励对象事先商议好业绩目标，若届时激励对象完成业绩目标，则公司会授予一定数量的股票，在锁定期结束后激励对象可卖出股票获得收益。

与限制性股票类似，业绩股票的流通变现也有业绩考核和锁定期的限制。激励对象只有在通过业绩考核才能获得业绩股票，如果未能通过业绩考核或出现有损公司的行为、非正常离任等情况，则其未兑现部分的业绩股票将被取消。同时，业绩股票也有锁定期，激励对象在顺利授予业绩股票后，只有锁定期结束才能将股票卖出兑现，这种设计能激励员工关注公司长期发展。

假设，年初，高管 A 获得公司业绩股票激励，承诺若年底完成销售任务 1 亿元，公司便给予 50 万元的奖励，但这 50 万元并非当时用现金支付，而是换成等额的公司股票。若年初公司股票价格为 5 元，则公司将 50 万元奖励换作 10 万股股票授予给高管 A。通过两年考核和两年锁定期后，到第四年时高管 A 可行权卖出股票，若此时股票价格为 10 元，那么高管 A 可套现 100 万元。

一、奖励与业绩直接挂钩

业绩股票是将员工的奖励直接与公司业绩挂钩，突出了业绩的重要性。

激励对象会更加努力地去完成公司预定的业绩目标，与公司一起共同推动股价上涨，进而获得因公司股价上涨带来的超额收益。而一旦业绩下降导致股价下跌，自己也随之受损。总体来说，业绩股票的激励力度比较大。

但与之对应的是，业绩股票的实施激励的成本也较高。因业绩股票无须激励对象个人出资，是公司出资在二级市场购买股票，所以对公司现金流会造成一定影响。故业绩股票激励模式更适合业绩稳定、现金流充裕的公司。

不过，对公司来说，实施业绩股票激励的一个好处是，股票来源避开了法律阻碍。业绩股票的来源，通常是在二级市场直接购买，所以绕开了有关股票来源的法律阻碍。

二、考核目标定高定低都不行

对业绩股票激励来说，如何确定业绩目标是个难题。若目标定得过高，可能会让激励对象信心受挫，难以激发内生动力；若定得过低，激励对象很容易就能完成目标，同样难以起到激励作用，另外还可能会惹上输送利益的嫌疑。

同时，如何确定授予额度，也时常困扰着公司的决策层。业绩股票的股票来源，需要公司在二级市场购买，若授予激励对象的股票份额过多，则激励成本上升，对公司和股东而言，收益不明显，现金流的压力也会增大；若股票份额过少，激励成本和现金流压力减小了，但激励效果也很可能减弱。

佛山照明实施业绩股票激励计划书（摘录）

一、激励对象：公司高层、中层管理人员和技术骨干

二、激励方式：按照激励计划，提取股权激励基金，委托中介机构为获授人购买流通股票并封存，一定期限之后解冻；其间获授人享有股票分红权，可能享有投票权。

三、公司考核指标：公司年度净资产收益率达到或超过 6%。

四、激励标准：按照年度净利润的（5%+ 净资产收益率 -6%）提取股票激励基金。如果净资产收益率低于 6%，则不提取。

五、激励对象考核方式：年初，确定激励对象工作态度、工作能力和工作业绩等方面的考核标准。其中，工作业绩是重点考核内容，应包括净利润、投资回报率或市场份额、技术先进性等相关指标的考核。年末，根据年初确定的考核内容，进行个人绩效评估，其结果作为参与股权激励基金分配的重要依据。

六、锁定期：高管人员获得激励基金后，应在年报公布后的 90 日内用激励基金择机从二级市场购买公司股票。其锁定期当遵守《公司法》、证监会和深交所的相关规定；非高管人员用激励基金购买公司股票后，必须锁定 2 年以后才能兑现。

（案例来源：佛山电器照明股份有限公司 2001 年 5 月 17 日公告）

第十一节 员工持股计划：普惠型激励机制

员工持股计划指上市公司根据员工意愿，通过合法方式使员工获得本公司股票并长期持有，股份权益按约定分配给员工的制度安排。员工通过购买企业部分股票（或股权）而拥有企业的部分产权，并获得相应的管理权。可分为非杠杆型与杠杆型持股计划。

员工持股的模式包括股票期权、限制性股票、分红权等，但与主要类型为限制性股票和期权的股权激励相比，员工持股计划更偏向于限制性股票。在西方国家，员工持股是普遍采用的中长期激励机制，有研究认为，实行员工所有制并让员工参与管理的公司与采用传统的所有制形式和经营方式的公司相比，每年的增长率高出8%—11%。

对于上市企业，员工持股计划的参加对象为包括管理层人员在内的公司员工，体现了公平性和普适性。对员工参与持股计划的条件不做特殊限制，一般结合公司实际需要进行设计。

员工持股计划关键点

员工持股计划的关键点主要有以下几个方面：

1.资金、股票来源和持股数量、期限

员工持股计划资金来源于员工的合法薪酬以及法律、行政法规允许的其他方式。员工持股计划可以通过以下方式解决股票来源：（1）上市

公司回购本公司股票；（2）二级市场购买；（3）认购非公开发行股票；（4）股东自愿赠与；（5）法律、行政法规允许的其他方式。

员工持股计划所持有的股票总数累计不得超过公司股本总额的10%，单个员工所获股份权益对应的股票总数累计不得超过公司股本总额的1%。每期员工持股计划的最短持股期限为不低于12个月。

2. 员工持股计划的管理

员工可以通过员工持股计划持有人会议选出代表或设立相应机构，监督员工持股计划的日常管理、代表员工持股计划持有人行使股东权利或者授权资产管理机构行使股东权利。

上市公司可以自行管理本公司的员工持股计划，也可以选任独立第三方机构，将员工持股计划委托给合格的资产管理机构管理。无论采取哪种管理方式，都应切实维护员工持股计划持有者的合法权益。

3. 关于资金和股票来源

关于上市公司实施员工持股计划的资金和股票来源，《关于上市公司实施员工持股计划试点的指导意见》作了相应的规定，支持企业在法律、行政法规允许的范围内通过不同方式解决资金和股票来源，增强了员工持股计划的可操作性。

实际操作中，为提高员工持股计划的吸引力，上市公司在持股计划方案设计时会设置一定的资金优惠或补偿条款，常用的设计包括：一、公司全额提取激励基金提供给员工；二、公司提取的激励基金与员工的合法薪酬，各自按照一定的比例参与员工持股计划；三、股东或实际控制人提供相应担保，为员工进行外部融资等。

4. 股东自愿赠与及公司回购股票奖励员工

股东自愿赠与作为解决股票来源的一种方式，需股东自愿采取且需要履行相应的股东内部审批程序。股东自愿赠与是员工获得股份的方式,员工通过此种方式取得公司股份后,与其他投资者享受平等股东权益。

公司采取回购本公司股票奖励员工的方式解决员工持股计划股票来源时,员工自愿参与且机会平等,通过股东大会、职工代表大会等决策程序,最大限度的保障公平性。

5. 员工持股计划期限与标的股票锁定期限

员工持股计划长期持续有效。每期员工持股计划持有股票的锁定期为不低于 12 个月,公司可以自行规定更长的持股期限。非公开发行方式实施员工持股计划,根据《上市公司证券发行管理办法》、《上市公司非公开发行股票实施细则》的规定,持股期限确定为 36 个月。

6. 员工持股计划退出机制

在符合员工持股计划约定的情况下,该权益可由员工自身享有,也可以转让、继承。员工通过持股计划获得的股份权益的占有、使用、收益和处分的权利,可以依据员工持股计划的约定行使;参加员工持股计划的员工离职、退休、死亡以及发生不再适合参加持股计划事由等情况时,其所持股份权益依照员工持股计划约定方式处置。

现行法律法规对于员工持股的退出机制没有详尽的限定。企业可根据实际需要在员工持股计划中自行约定。考虑到员工持股计划建立的目的是为了创造分享企业发展的成果的平台,激发员工的创造精神和工作热情。因此,建议分情况确定对持股计划锁定期内员工退出时是否继续享有持股计划权益的处理方式,具体利弊分析,如表 5-11-1 所示。

表 5-11-1 员工持股计划锁定期内不同退出方案利弊分析

方案比较	1. 退出时按原计划继续享有股份权益至锁定期满解禁
	2. 退出时公司／大股东按退出时点享有的股票价值支付现金
	3. 退出时不再享受相关权益
是否享受权益	是（需要锁定 12 个月或 36 个月）
	享有部分权益（锁定期届满前退出）
	否
分析	持股计划存续期内是否离开公司均可享受同等待遇（包括购买时的补贴待遇），不利于建立对员工的约束机制
	对公司／大股东有现金压力；支付时点和未来锁定期满时点的价差所导致的损益由公司承担；可能造成员工为获得二级市场价差而主动离职的情形，不利于员工的稳定性
	退出时，持有员工持股计划权益按自筹资金认购成本与份额对应的累计净资产值孰低强制转让；考虑到持股计划资金来源为员工过去的职工薪酬（一般情况下），且在计划建立之初赋予员工自主选择权，故在无充分理由情况下不建议剥夺其在退出时的收益权
适用范围	（1）职务变更存续期内，持有人职务变动但仍符合参与条件的，其持有的员工持股计划权益不作变更； （2）丧失劳动能力存续期内，持有人丧失劳动能力的，其持有的员工持股计划权益不作变更； （3）退休存续期内，持有人达到国家规定的退休年龄而退休的，其持有的员工持股计划权益不作变更； （4）死亡存续期内，持有人死亡的，其持有的员工持股计划权益不作变更，由其合法继承人继承并继续享有；该等继承人不受需具备参与本员工持股计划资格的限制。
	持股计划约定及管理委员会认定的其他情形。
	（1）持有人辞职或擅自离职的； （2）持有人在劳动合同到期后拒绝与公司续签劳动合同的； （3）持有人劳动合同到期后，公司不与其续签劳动合同的； （4）持有人因违反法律、行政法规或公司规章制度而被公司解除劳动合同的； （5）持有人出现重大过错或业绩考核不达标而被降职、降级，导致其不符合参与员工持股计划条件的。

大多员工持股计划是从二级市场购买公司股份，以市价购买还要有锁定期，对激励对象激励性不足，因此很多公司为了增加员工持股计划的激励性，一般是通过信托计划，给员工持股计划采取了"加杠杆"，不仅杠杆比例通常都是 1:2，即员工持股计划 1 元钱，加杠杆 2 元钱。并且在"信托计划"中，员工持股计划通常处在"劣后级"，而新加的杠杆处于"优先级"。即亏损先亏员工持股计划部分。正是基于这种"加杠杆"的设计，将员工持股计划推向了极其不利的位置。盈利时呈放大效应，亏损时可能导致直接爆仓。

2018 年 6 月 14 日，凯迪生态发布公告称，因公司员工持股计划单位净值低于预警线，而大股东阳光凯迪迟迟未采取补仓措施及增信措施，公司（员工持股计划）作为信托计划的一般受益人已经自动丧失其份额，成为 A 股首家员工持股计划"爆仓"企业。

而紧随其后，6 月 22 日晚间，智慧松德公告称，因资金补偿方未能及时补足现金补仓，公司员工持股计划信托受托人兴业国际信托，对信托计划所持的公司股份约 438.51 万股全部减持。

除了"爆仓"之外，在此之前，也有员工持股计划清盘的。如 2018 年 5 月 8 日晚间，科力远公告称，公司第一期员工持股计划的资产管理机构，已将其持有的公司股票全部出售并终止了员工持股计划。该员工持股计划所出售的股票已亏损了六成。由于该计划加了 2:1 的杠杆，这也意味着参与计划的员工亏光了全部本金。

2018 年 8 月 22 日，合力泰因股价下跌，员工持股计划触及平仓线。8 月 11 日，金鸿控股公告"金鸿控股 1 期员工持股集合资金信托计划"跌破净值止损线，未及时补仓，所有股票全部减持。8 月 1 日，金龙机电公告"成长 1 号"员工持股计划因触及强制平仓线，且其未能通过补缴资金等方式恢复权益比，被长城证券强制平仓。

一向被视为市场积极信号的上市公司员工持股计划在 A 股的跌势面前演变成另一个避之不及的雷区。已构成员工持股计划"事实性"爆仓的上市公司多达 10 多家，考虑杠杆因素后，员工持股部分市值已在 0 以下。A 股市场正面临员工持股计划爆仓潮的新一波危机。

第六章

不同发展期的企业激励特点

每个中小企业，都有可能通过不断努力，成为明天的大企业。同样，每个大企业，在其创立之初，也曾经是默默无闻的小企业。在向上攀登跋涉的征程中，股权激励是企业前进的动力源泉之一。但在企业不同的发展阶段，需要解决的问题不同，股权激励的策略也是不一样的。

企业的发展一般分为初创期、发展期、扩张期、成熟期和上市期几个阶段，企业在不同阶段采用不同的激励模式实现对员工的激励。通过多轮次股权激励，公司业绩不断增长，公司价值不断增值，企业这块蛋糕也越做越大，企业家和激励对象的收益也不断增加。

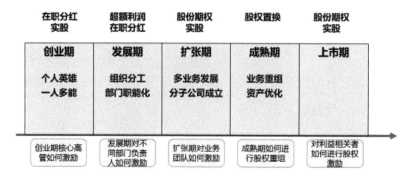

图 6-0-1 不同发展阶段的企业股权激励特点

第一节 初创期，激励助企业活下来

企业初创期的核心目标是如何"活下去"，取得成功的关键是充分了解当前或潜在的市场需求，开发出针对性的产品或服务来满足市场需求，以此实现盈利。初创阶段的企业有如下特点：

1. 管理团队：创始团队多由投资人的"亲友团"组成，成员的价值主要依靠创业精神维系，在股权分配上、职位上没有太多的计较。核心骨干多数是与创始团队有千丝万缕关系的人，以人际关系为管理基础。

2. 资金状况：初创阶段，企业资产、信誉、规模等都不够，很少能获得贷款和募投启动资金，经营以自有资金为主，经营上以投入为主，无法短期内实现收支平衡，面临较大的资金压力。

3. 管理现状：创始团队事必躬亲、部门界限模糊和以任务为中心的管理，一人多职的现象非常普遍，体现人治的特点。这时期管理以节约管理成本和保持灵活性为目标。

4. 业务状况：公司规模小、人员少、品牌知名度差，创始团队成员充当大业务员或者研发设计者角色，靠自身的资源推销自己的产品和服务，以行动为导向，受机会驱动。

在这个阶段，企业股权带给个人的更多是风险与责任，而不是马上就能到手的财富。因此，该阶段企业股权激励机制的重点，在于激励企业的核心人员，产品导向型的企业激励侧重研发团队、市场导向型的企业侧重销售团队。

初创公司的股权激励，通常是为了达到如下效果：

第一，留住核心人才。公司初创期，一无资金，二无品牌，三无资源，想要留住核心人才，必须要通过股权激励，给员工以未来的期待。对创业型公司来说，给不了员工"今天"，就给员工一个美好的"明天"。

第二，吸引人才。初创公司实施的股权激励，让企业成为具有吸引力的平台。真正有能力、有情怀的人才，不愿意长期扮演"打工者"的角色，他们更希望能拥有良好的事业平台，成为公司的合伙人。当他们看到一个企业从初创阶段就能实施股权激励，对他们来说无疑是相当具有吸引力的，他们会更乐意加入。

第三，降低人力资源成本。初创公司对现金流的依赖性很强，一般创业公司现金流都不是很好，很难支付高端人才的薪酬，将股权和薪酬同时使用，能够有效降低现金流的压力。

公司初创阶段，有的创始人将股权激励看作"画饼"，匆忙设定一个特别高的股份数量，甚至每个员工都能够获得到数万股、数十万股，却并不告诉员工这些股权具有多少真正价值。另一种创始人则会在激励之前，如实告诉员工他获得了多少股份，其数量和比例各是多少，对应的估值是多少。

显然，后一种方式能够更好地让员工真正了解股权激励，也能产生更好的激励效果。

初创企业的老板，是公司商业模式、战略规划的总设计者，也是企业经营管理的决策者，因此，在设计股权激励时要考虑到他对公司的控制权。在初创时期，企业可以考虑为未来发展所需的核心人才留出股权激励的接口。此时，企业可以先行搭建持股平台，通常这一持股比例在10%左右，由大股东代持。

初创期企业实施股权激励，更应该设定退出机制，但设定的机制可以相对灵活，比如可以允许股权的内部流动，以约定的价格或按照最新一轮的投资者进入价格进行交易。

另外，在创业初期，团队需要磨合。而磨合过程中也有可能出现价值观不同、经营理念不同等问题，导致合伙人离开。此时，离职人员手中的股份需要回购，一般由企业大股东或其指定人员进行回购。

对初创企业来说，相对比较适合的激励方式是股票期权和实股。

小米公司创业过程中，在招聘员工时就给他们三种不同的报酬方案：100% 薪酬＋象征性的股权数量，80% 的薪酬 +20% 薪酬双倍的股权数量，50% 的薪酬 +50% 薪酬三倍股权数量。通过这种选择过程，大大提高了员工参与创业的积极性，也筛选出真正愿意成为企业合伙人的员工，让他们获得更多的股权。同时，也没有忽视那些侧重于短期利益的员工。

小米的股权激励方式，对初创企业有一定借鉴意义：企业灵活设定短期激励和长期激励的配比，可员工以自由选择权。

第二节 发展期，激励助企业拓市场

发展期的企业，以市场销售为导向，如何保持企业持续的增长是关注重点。取得成功的关键因素在于运营系统基础建设的逐步规范化，即从早期的创业型公司向创业为导向的专业化管理型组织转变。发展期阶段的企业有如下特点：

1.管理团队：创始团队在企业发展方向、经营管理、资金使用、人事安排等诸多方面开始出现分歧。创业时期的基层员工成长为核心管理骨干，外聘人员与老团队不能很好地融合，出现中层骨干高流动性的现象。

2.资金状况：企业现金流增加，可以获得小额贷款，投资机构的关注度越来越高，但更多的是以企业自有资金滚动为主。

3.管理现状：当增长的销售额需要无休止的增加人手、资金、设备和办公场地做支撑时，企业内部运营系统将面临巨大的挑战。因此组织形态逐步规范化，组织机构相对完善，部门职能定位、岗位职责相对清晰化，权责体系逐渐明确，业务流程和管理制度不断建立和完善成为本阶段的管理重点。企业文化逐渐形成，公司带头人由"业务员"向"管理者"转变，个人作用开始弱化，更多担当领导者和管理者角色。

4.业务状况：企业规模不断扩大，主营业务快速增长，品牌知名度急剧上升，市场占有率不断提升，但要面临竞争者的"重点关注"。

处在发展期阶段的企业，除了需要大力开发市场、扩大产品的市场占有率外，还要推动内部组织发展。一般来说就是为业务增长匹配各种资源，包括资金、人员和设备，以及较为规范的日常运营系统。这个阶段职业经理人开始进入组织并发挥作用，由直觉管理开始向专业化管理转变。

发展期的企业如果不加以激励，就可能出现经营管理不力、制度成本过高、财务管理失控、市场增长缓慢等风险。因此，企业需要有选择地对高管人员、各部门管理人员、核心技术人员等进行股权激励。

发展期的股权激励，通常是为了达到如下效果：

第一，保持业绩持续增长。通过股权激励做牵引，在聚焦业务增长的前提下，明确责、权、利对等，释放员工更多潜能；能够让他们看到企业与市场的潜力，同时也能够展现企业家愿意与团队分享的境界与追求。

第二，管理提升。通过公司实施的股权激励，吸引更多优秀的管理人才和专业人才加入，促进运营系统基础建设不断完善和提升，进而降低新老团队成员交替出现的人员动荡及矛盾，促进组织架构发展。

第三，资源有效分配。通过股权激励实现资源的有效分配，以目标达成为前提，以价值贡献及结果为导向，促进组织健康发展。

对发展企业来说，相对比较适合的激励方式是超额利润分红、在职分红和股票期权。

第三节 扩张期，激励助企业扩规模

当企业进入扩张期，市场份额出现滞涨，核心业务可能会受到发展限制，或者核心业务可能会带来向新领域扩张的机会。关注的发展领域基于现有客户提供新产品或服务，或者现有产品和服务向新领域的拓展。取得成功的关键是拓展新产品和服务，并且找到有效地进入一个或一个以上的新市场。大部分企业在这个阶段由初始业务的细分市场向多元化经营发展。扩张期的企业有如下特点：

1. 管理团队：这个阶段中高层团队流动性较低，因为在快速发展的表象下，感到公司运营系统与业务相匹配，缺少危机感。但是创始合伙人与决策者之间有可能会因为对企业发展意见不一而发生冲突。部分企业开始考虑企业所有权和经营权分离，引进高层职业经理人和管理团队。

2. 资金状况：公司已经有了一定的沉淀资金，同时企业资产发展到一定规模且拥有充裕的现金流，银行也会相应地增加风险敞口以便企业融资，部分企业会囿于银行融资的成本而开始规划上市融资。

3. 管理现状：有了运营管理系统和制度的保障，组织结构也在不断发展过程中进行优化和小范围的变革。为了激发潜力，提高效率，这个阶段事业部、分公司、子公司相继出现。管理重点是培养一批创业型的经理人，通过机制和使命、愿景、核心价值观做保障，为公司未来扩张和多元化业务增长建立人才梯队。

4.业务状况：经过快速发展，在市场竞争业态下具有相当的品牌效应。为满足客户需求不断推出新产品和服务，并尝试进入新的领域。

扩张期的企业，发展存在诸多机会，也同时面临新领域拓展的不确定性，因此在新产品开发和市场开拓上需要批量的有担当，市场敏锐度高，执行力强的经理人，来实现公司业务多元化的快速发展。因此必要的股权激励会进一步鼓励各业务经营单元人员的斗志。

扩张期的股权激励，通常是为了达到如下效果：

第一，激活组织，发挥平台优势。通过股权激励，链接人才，让组织"分而治之"，让公司得到裂变式发展。通过事业部制、分子公司或者控股模式，独立经营，激发潜力，分享企业发展带来的收益。

第二，保持业务拓展和增长。通过股权激励，链接资源，让企业快速打开新局面。企业以股权为纽带，链接技术和业务合作伙伴，发展种子业务，采取利益共享、风险共担，让企业在未来2—3年得到长足发展。

第三，降低资金成本。这一时期企业的现金流既需要用于对外投资或对内开发新产品，也需要用于吸引优秀人才，通过股权激励减少现金支出。

扩张期企业在股权激励方式上有了更多选择空间，员工对企业发展的信心相比之前更为充足，此外，随着企业进入扩张期，会得到不同来源的融资。因此本阶段针对不同的激励目的，不同对象采取不同的激励模式。多采取超额分红、虚拟股，也可采取期股、期权等激励模式。

第四节 成熟期，激励助企业增利润

当企业进入成熟期，面临核心问题是如何将一套多元化运营结构整合成一个统一的业务实体。因此既要规划多元化发展的方向以及部署战略举措，又要给各经营单元足够的自由度以发挥创业精神，管理他们的运营。决策层需要建立一套管理整体业务，而不是单个业务的新的运营管理系统。取得成功的关键要素是战略规划过程及认知统一的企业文化。成熟期企业有如下特点：

1. 管理团队：经过多元化发展，经营团队更多将注意力由外部转为内部，更多关注权力和利益分配，同时不同经营系统的企业文化需要融合并存。因此企业需要具有战略统筹规划、资源整合、推动文化变革和富有领导力的决策者建立科学的价值发展、价值评价和价值分配机制，以发挥组织效能，实现企业二次腾飞。

2. 资金状况：企业营收和利润总额大幅上涨，但管理成本上升的速度更快，将钱更多的花在控制风险、福利及设施上。这个阶段企业信誉发展到一定程度，银行贷款更加容易，股权融资规模不断增加，部分企业进行优质资产置换，开始进入上市融资辅导阶段。

3. 管理现状：完善的制度作用降低，缺乏组织协同，居功推过现象经常发生；在价值分配上奖励顺从者、让干什么就干什么的人；在做事承担风险上，出现互相推诿的状况；在管理上更多以僵化的流程为主；组织失去创业本能和创业文化，形成重形式轻本制的官僚氛围。

4.业务现状：对客户需求的关注度下降，反应速度不及时，客户投诉开始增多，创新意识不足，以维持现状者居多，重视过去的成就和经验，在业务发展上更趋于保守。

在现实中，许多企业一直到扩张期，产品和业务发展得都相当不错，但最后却以倒闭散场，甚至出现奇怪的现象：越是看起来挣钱的企业，倒闭得越快。可能是企业盲目多元化导致资金链断裂，也可能是股东间矛盾斗争。当企业进入成熟期后，股权激励难以到位，股东之间、股东和高管之间的权益无法对等，进而引发了矛盾，阻断了公司的持续经营。

想要破解这一难题，企业家需要在企业成熟期积极进行股权激励，使整个团队利益捆绑、目标一致，为企业上市打下良好的基础。

在企业成熟期，由于资本进入、前期员工持股等因素，初始创业团队的股权比例已经随着公司发展、规模扩大而有所下降，相比之下，外来资本方的股权比例却在逐渐上升。因此，企业进入成熟期直到上市完成之前，都要充分考虑公司多轮股权融资的实际情况，从而确保未来的股权架构上能为创业团队留出更多的变动空间。

此阶段，公司也应该重新进行业务整合、组织梳理、股权重组等事情，股权重组与激励相结合，尤其适合成熟期的准上市公司。在扩张期，可以通过不同的股权激励模式，对管理权力进行下放，由于不同的分公司、子公司总经理都各自有股份，在这样的激励下，他们会认为自己是公司主人之一，有充分进取的动力。但是，当公司发展到成熟期阶段时，其心态又会有所改变，容易各拥实力形成"诸侯"，在此情况下，将分子公司负责人在分子公司持有的股份与总公司的股份进行置换重组，能够很好地解决他们的股份退出及股份溢价等利益问题。

通过股权重组，能够确保成熟期内的公司能够拥有更大营业规模、更高利润、更高的净资产指标和更充足的现金流，从而满足上市的财务指标要求。同时，通过股权重组，还可以确保企业满足股权高度集中的要求，否则，由于前面诸多阶段所实行的不同激励模式，企业的股权必然呈现出分散、零乱的格局，一旦上市，就会遇到很大的障碍，并直接导致股权激励计划的失败。

股权重组有三种背景：

第一，总部持股，下层不持股。

所谓总部持股，是指企业所有的主要高管，作为激励对象，不在企业下属的任何分公司、子公司持股，而是全部在公司总部持股。这种情况主要应用于股权激励较为复杂、股权呈现散乱格局的企业。例如，华为公司的股权激励模式就是以此为原则，虽然华为在全世界各个国家和地区都设立分公司、子公司，但是华为所有的高管股东均在总部持股。

第二，下层持股，总部不持股。

这一模式与第一种模式正好相反。激励对象中的大多数人，在企业下属的分公司、子公司内持股，并不在公司总部持股。这样，总公司的持股结构更为集中，激励效果在各下属企业也更为明显。

例如，资产上千亿元的复星国际，就采用了这一股权重组模式。董事长郭广昌和其他四个股东，作为前五大股东，牢固控制复星国际总公司的股权。其他所有激励对象所获得的股权，都属于各个子公司、分公司。

第三，多层次重组。

这一模式是指激励对象可能在母公司持股，也可能在子公司或孙公司持股，也可能同时在母公司和子公司持股。

在上述第二种和第三种背景下，如果整个企业出现上市需求，但股权由于激励原因而呈现复杂结构，必将给上市带来阻碍。此时，企业在上市前，为实现激励效果最大化，建议将在子公司持有的股份置换到上市主体公司，使激励对象在上市主体公司持股。

第五节 上市期，激励助企业高市值

上市之后，企业正式步入产业化与资本化运作阶段，同时进入了公众治理层面。由于上市公开发行股票，公司股权结构也变得更加复杂。

此阶段，企业呈现以下特征：

1.管理团队：企业上市后有了足够的资金和品牌，更容易吸引到专业人才加盟，管理团队相对较为专业，各种来源的职业经理人汇集在一起，导致工作理念与工作习惯不一致，工作对接等效率低下，多种文化冲突致使企业文化难以有效贯彻执行。

2.资金状况：企业上市后募集资金相对容易，可以通过定向增发、发行企业债等手段募集资金，上市公司品牌背书，企业信用相对增加，银行贷款更加容易。

3.管理现状：经过上市期的梳理，公司管理相对规范化，工作分工更为细致，多元化多业务导致企业内部小团队集体意识盛行，部门间壁垒加重，沟通成本上升，企业运营效率低下。

4.业务现状：为了企业市值的不断提升，除自身业务发展外，更多做些产业链业务延伸以及外延式并购，企业多元化运作，跨行业发展，整合上下游。

公司上市后，股权激励对象侧重团队，激励范围逐步扩大，包括公司高级管理人员、中层管理人员、核心技术或业务人员。同时股权激励要遵守相应的法律法规。

上市公司常用的激励模式为限制性股票激励模式、股票期权激励模式、股票增值权激励模式以及员工持股计划。

上市公司实施股票期权激励计划的目的：

（1）员工功劳兑现的需要。有些公司上市前由于各种原因并未进行股权激励，为了回报公司员工，上市后推出股权激励计划。

（2）吸引优秀人才加盟。约有三分之一的上市公司推行了股权激励计划，目前企业竞争加剧，核心人才成为企业竞争的焦点，为了吸引优秀人才加盟，上市公司不断推出股权激励计划。

（3）建立和完善利益共享机制，改善公司治理水平，提高员工的凝聚力和公司竞争力。

（4）建立长效激励机制，使员工关注公司的成长与发展，规避短视行为；

（5）更好的激励与约束管理团队，提升员工的主人翁意识，提升员工积极主动性，提高公司管理效率。

（6）上市后进行一系列收购，为稳定并购公司管理团队。

第七章

不同对象的激励方案

企业犹如社会，健全的社会由不同的阶层有机组合而成，各个阶层各司其职共同推动这个社会的进步；健全的企业亦是由不同的层级不同类型的组织和个人组合而成，正是通过集体的创造才让企业能够取得长足的发展。和谐、开放、进取的组织，是会对其中每个成员都给以不同的利益分配与关注，从而使得整个组织内部的价值体系得到充分的平衡与协调。

因此，当企业家在谈论股权激励方案时，所谈论的不应只是与一两个人或者一两种人相关的利益。企业家必须放眼全局，将企业中每一类角色的价值贡献都充分考虑，并据此对其现在、未来的价值进行评估，确定当阶段是否需要激励、制定如何激励的具体方案。当企业制定了合适的激励方案，整个企业的士气也会随之高涨。

第一节 核心高管：企业的核心合伙人

"三人同心，其利断金。"

对企业家而言，企业的核心高管是谁固然重要，而他们怎样看待自身角色，则更加重要。如果高管定义自身为企业的高级打工者乃至是职业经理人，他们不会把企业当成自己的事业来做，其贡献和付出就难免有所保留，但如果他们自认为是企业合伙人，相比之下，其自然能提供更出色的业绩。

是打工者，还是合伙人？这一问题的答案，取决于企业家如何看待高管以及高管是否认同企业的价值观以及企业未来的价值。设计一份科学的股权激励方案，释放适当的股份额度，既不损害公司以及股东自身利益，又留住了高管的心，这个度的把握非常关键。同时，在管理机制的设定上，是否合理放权高管，信任高管，也会对高管的心态产生影响。企业家可以通过设定科学的分权及监督机制，同时，用同一价值观统一大家的思想与步调，获得高管思想的同频与行动的共振，降低沟通成本，让高管真正形成主人翁意识，愿意承担与奉献。适合的股权激励方案，足以推动高管在思想认识上的进步，他们会因激励的力量，始终追随企业家左右，从活跃的"高级打工者"，变身为有力的"合伙人"。

以京东为例，这家企业有着诸多光环荣誉，在管理层人员的任用上，时常被外界所瞩目。

与同为电商的阿里相比，京东的高管团队很难称得上稳定：十几年来，当初阿里创业的十八罗汉中，依然有几位在阿里高层任职，而京东最早的管理团队，早已不见了踪影。甚至业内有种说法："京东高管的更换，比他们的库存周转更快"，足以看出京东高管更换的频繁。

其中，副总裁蒉莺春的出走，具有典型的代表性：她加入华润旗下后，马上主导了这家公司对新美大的战略投资。这一举动，当时就被看着与老东家旗下"京东到家"的直接竞争。

京东不仅没有留住稳定的高管团队，反而为自己"打造"出对手，这一现象发生在如此规模的企业中，确实有些耐人寻味。

其实，业内对于京东高管频繁更替，有着近乎统一的原因解读。公开资料显示，刘强东持股京东 16.2%，而整个高管团队持股16.4%，这说明，京东其他高管持股不到整个企业的 0.2%。如此低下的持股比例，让高管显得相当寒酸，更谈不上去形成统一价值观，频频出现跳槽波动也就不足为奇了。

企业家必须清楚，高管团队肩负规划与执行公司发展战略的重要任务。真正强大的企业，高管团队必定与企业家志同道合，在同一面旗帜、同一种愿景的引领下，始终能够协同步调、携手前进。这一切，必须通过正确的股权激励设计方案去实现。

高管团队一般是首批次激励对象，且激励额度应当足够，一般采取期权期股或实股的激励方式。

首先，高管和普通员工不同，激励需求上有明显差别。能够成为高管的人才，更看重社会的尊重以及自我价值的实现，他们对股权激励有比普通员工更多地期待。对高管的股权激励，表面上在于通过利益的分割与让渡，让企业管理层由代理人角色转换成为企业的所有者，通过利益导向一致的方式，降低委托代理成本，提高高管归属感与忠诚度，增强其凝聚力和向心力。但究其核心，则是让管理层在获得股权激励之后，站到企业家的角度去思考与决策，与企业家同频共振，一定程度"解放企业家"，形成牢不可破的合伙人团队。这，才是企业迈向新事业道路的新起点。

其次，不做股权激励，或者采取错误的激励方法，会让高管团队内部出现对企业家的质疑声音。在来自高层噪声的干扰下，整个企业运营中决策的上传下达与执行推进，将无从谈起。为了加大激励性，给出超越高管现实需要和贡献的股权激励，也同样不值得提倡。与京东曾经的"吝啬"相比，盲目"大方"的激励方式，同样会让高管失去健康的事业心态。过于苛刻，会让高管有打工者的心态，无法将企业利益与自己的核心追求相关联，而过于大方，也很容易造成企业内部利益的失衡。

最后，无论采用何种股权激励模式，都应着眼于对高管团队思想认识的提升上。在对高管进行股权激励之前，企业家必须对每个人在能力、业绩尤其是价值观的取向上，加以分别评估，进而明确股权激励方案是否可以发挥充分作用。在设计和实施股权激励方案时，既要保证科学合理地分配，更要推动高管思想认识的升华。如此，股权激励的效果，将从看得见的物质层面，扎根进入看不见的精神层面，发挥其无可替代的积极作用。

第二节 业务团队：重赏之下必有勇夫

通常而言，业务团队在企业中的重要作用毋庸置疑，其"广开客源，开疆拓土"，不断去扩大产品市场份额，进而帮助企业获得更多客户资源和利润。

然而，在现实中，许多企业恰恰输在业务团队的利益分配中。

乱象一：

某企业盲目采用单一的销量提成方式激励销售团队。为了获得更高提成，许多业务员不惜利用降价促销、铺货、窜货、内外勾结等手段，在短时间内提高销量。结果，短期内企业的产品销量假象上扩大了、市场占有率也提高了，但到年底盘点时，却蓦然发现因表面销售额的增长却未能带来利润的增长；反而业务团队增加的提成，导致了企业整体效益的下滑，企业不仅没有赚到多少钱，还影响了原本健康的销售秩序。

乱象二：

某公司采用底价提成方式激励销售，几年下来，一些"销售高手"甚至达到了月薪百万，但企业家却发现企业陷入了发展瓶颈：大客户被这些"高手"牢牢掌握在手中；企业层面对优秀销售员难以约束；成熟的销售员只愿意单打独斗，不愿意带团队。

乱象三：

某公司创立几年后，产品销售额逐年提升，但销售员的工作热情却逐渐冷却。有的销售员说："任务目标定高了，那是自讨苦吃。"也有人说："完不成目标就要受处罚，完成了就算超额，也拿一样的奖励和提成。"结果，每到岁末年初，和销售员就个人目标"谈判"，成了企业中高层最头疼的事情。

业务团队是许多企业的核心力量，业务人员往往个人能力强，不怕拒绝、能吃苦，富有挑战精神，有着通过努力提高个人收入的强烈动机和决心。相对地，他们会更关心自己的物质回报，而营销型主导的企业，利润也同其表现紧密挂钩。

在对业务人员进行股权激励时，最好简单直接，不宜过于复杂，要反对利益平分，提倡多劳多得，同时采取多种灵活组合方式进行激励，让激励直接与个人业绩相挂钩。

从这一角度看，对业务人员进行激励最好的方法，莫过于超额业绩奖励。

在超额奖励体系下，可以根据企业上一年度的业绩、利润与公司发展情况，设定合理的业务团队业绩基数。对实际完成业绩超出基数部分，根据不同的超出额度，设立不同分成提取比例，与业务团队成员分享。

例如，某公司对销售团队实施超额业绩奖励。设定当年业绩目标为 300 万元，如果团队全年完成了 400 万元，则从超出目标的 100 万元中提取 20% 的奖励，即 20 万元分配给销售团队。销售团队可以根据销售业绩和回款情况等因素进行具体分配。

在超额业绩奖励的作用下，销售团队完成业绩越多、为企业挣钱越多，自己拿到的奖金提成也就越多。这样，他们会积极挑战更高目标。

在业务团队股权激励的实操层面，还有以下建议内容：

1. 如果产量或销售额提升空间大，可采用"多劳多得"的分配制度。

2. 如果产量或销售额很难提升，生产和运营成本有降低空间，则采用"多省多得"的分配制度。

采用超额业绩奖励，销售团队和整个企业就会形成共同奋斗目标，这对于整个团队有着很大的推动力。而从总体上看，超额业绩奖励方式对企业的好处，在于消除销售团队的自我设限，培养人才的狼性和整体性，树立公司的业绩标杆，确保企业向更大的体量迈进，有利于打造勇于挑战的团队文化等。

此外，如果核心业务员工对公司股权有需求，也可以采取限制性股权或者期权的方式进行激励。如果员工手头资金不足，可以约定，以员工的超额业绩奖励获得的资金作为入股资金。

第三节 非业务团队：站在后台的贡献者

在绝大多数企业中，用一把尺子去衡量每个岗位和部门，显然并不现实：

营销部门可以用市场占比、销售额来表达业绩，行政部门却不可能；研发部门的绩效可以用产品性能和销量相挂钩，但人力资源部门却无法与之比较……

产品技术要求高的产业中，研发团队可能扮演着企业的灵魂角色；产品附加值低的产业中，销售团队的地位则可能比其他产业更高……

当企业希望通过控制成本来取得竞争优势时，就需要凸显采购部门、生产部门重要性；当企业想要招贤纳士扩充团队，就必须重视人力资源部门的价值……

很多时候，非业务团队都扮演着幕后英雄，但公司不能总是将之排除在激励之外。如何公平合理进行股权的分配以充分体现每个部门的价值贡献，必须借助科学的评估方法，结合企业发展阶段的特点，对公司各部门的各个岗位进行价值评估，以作为股权分配的依据。

非业务团队的股权激励，需要与业务团队的业绩和公司整体效益相挂钩，因为非业务团队作为支持性部门，是以向业务部门提供服务而间接创造价值的，当业务部门的激励收益提高，非业务部门的收益也应当对应提高，反之，当业务部门业绩和公司整体效益不佳，则非业务部门的激励收益也要相对应降低。岗位价值评估指在工作分析的基础上，采取一定的方法，对岗位在组织中的影响范围、职责大小、工作强度、工作难度、任职条件、岗位工作条件等等特性进行评价，以确定岗位在组织中的相对价值，并据此建立岗位价值序列的过程。评价小组根据岗位价值模型的评价标准，对非业务团队各岗位完成量化评估的一种活动，可有效地推动非业务团队高效完成内部职能工作，成为"内部客户"的最佳服务员，以服务作为内驱力推动企业价值链条的高效运转。

第四节 未来之星：点燃年轻人的希望

企业既是通过整合、运营各种资源创造价值的盈利性组织，同时也是在生产经营实践中不断培养人才的社会组织。这是企业的社会责任和客观贡献，同时也是企业自身新陈代谢、不断成长的必要基础。为此，企业家在设计股权激励方案时，不能只看到那些已经为企业做出重大贡献的核心人才，也要学会将眼光投向"未来之星"，既要通过公司使命、愿景和价值观等文化内涵去感召他们，也要以股权吸引他们，让他们看到希望，激发他们的潜能，为企业培养未来可以倚重的人才队伍。

"未来之星"通常较为年轻，在公司工作时间不长，历史贡献较少，目前也没在关键岗位，未来的价值不足以充分呈现，却显现了相应的价值潜力，因此企业在做股权激励的时候应考虑到他们，把他们作为目前阶段激励的兼顾对象及未来的重点激励对象。

对"未来之星"的股权激励，重点在于如何挑选"未来之星"，如何发现有潜质的员工，对企业有一定的考验，如何以伯乐的眼光去挑选潜在的"千里马"。股权激励既是一种物质激励，更是一种精神激励。当"未来之星"获得他们人生的第一份股权之后，他们就会因为享有了"股东"身份而以"主人翁"的心态去工作。同时，股权激励的授予，意味着员工已经不再是公司中的普通成员，而是成为了核心员工，未来将有可能得到更大额度的股权。这样，"未来之星"能够感受到企业对其价值的充分肯定，并由此产生巨大的荣誉感。

同时，在 "未来之星" 成为公司股东的过程中，也无形中为其他员工树立了标杆，让他们进一步明确了努力的方向。

现实中，虽然企业带着强烈的激励动机，希望以股权激励形式去激发团队的积极性，树立员工奋斗目标，但很多企业实施了股权激励后，不仅没有让员工更加努力，甚至还会产生了负面影响。究其原因，主要有以下几个方面：

第一，未能充分阐明企业价值，导致员工对股权激励兴趣不大；

第二，未及时明确股权激励对象的遴选机制，导致员工对股权激励公平性产生质疑；

第三，未能科学的设置股权激励的行权条件，导致员工对方案能否落地持否定态度；

第四，未进行有效的宣导和仪式感的发布，致使方案效果大打折扣甚至因不为人知而带来猜疑和其他的内部非议。

第五节 昔日功臣："金色降落伞"缓落地

企业要成长，就需要不断吐故纳新，让新生力量逐步成长，实现企业新老交替、生生不息。许多著名的企业都有其接班人计划，很多优秀的企业家也已将企业的实际管理交给了得力的接班者。作为企业家，他们有足够的底气和胸怀选择退居二线，但不是所有的合伙人或职业经理人，都愿让出权力，主动退居二线。此时，企业就要利用"金色降落伞"计划来解决问题，如设定针对功勋元老的股权激励计划，为他们打造新的职场希望，让有功者安心让权，以便确保企业更新换代的顺利进行。历史上有很多针对创业元老的处置案例，有朱元璋的炮打庆功楼式绝情处理，也有赵匡胤的杯酒释兵权式温和处置。

早在上百年前的中国晋商文化中，就普遍以"身股"方式来构建老员工的退休保障。当时，山西票号的股份分为"银股"和"身股"两部分，东家出资形成"银股"，掌柜及伙计以劳动所占份额构成"身股"。拥有"身股"者即便退休，个人利益也同票号的利益绑定在一起，直到去世，也能在一定时期内享受票号的发展红利。

"身股"机制的存在，让老员工得以在能力或状态不足以应对新的市场竞争格局时，愿意选择主动退居二线。

1998年，联想开始将员工拥有的分红权变为股权，这次股权激励的主要内容，是将员工所拥有的 35% 分红权变为股权。在这次激励中，"金色降落伞"同其他激励方式的结合，成为最显著的亮点：35% 的股权中，有 35% 用于激励老员工，这 15 名老员工都是联想在1984、1985 年创业时的骨干；20% 用来激励核心员工，他们主要是1988 年 6 月 1 日之前入职的老员工；未来的骨干员工，包括现在的联想员工，是对联想未来的留成，这可以看成是联想的"未来激励"，获得其余的 45%。

在当时联想的最高决策层中，有 3 名高管属于第一类型；1 名高管属于第二类型，其中也包含了柳传志、马雪征等人。通过向他们为代表的元老团队，授予 35% 的股权期权，既是对他们价值的承认，也是给予未来保障，让他们能够心甘情愿地退隐。

通过联想案例可以发现，企业不能忽视针对创业元老的退出问题。在激励实践中，许多企业并没有注意到这一问题的重要性，许多企业家认为创业元老年龄大了，不适应公司发展了，对公司的贡献没那么多了，不那么重要了，不值得用股权去激励他们。采取降薪、岗位调动等方式，强制性措施剥夺元老们的职权。这不仅伤了元老们的心，同时也伤了其他员工的心，因为你现在怎么对待元老们也会怎么对待未来的元老们，也就是现在及未来的核心人员，他们会有对比会联想。

其实，老员工股权激励的本质，在于解决他们"名"和"利"方面的需求。只有企业家真正同他们进行深入沟通，帮助他们看清大局和个人利益之间的关系，才能了解他们对"名""利"的需求，并在满足他们的需求后让他们主动放权退休。

实际操作中，老员工计划经常用来解决企业创业元老提前离退休的问题。通过给予这些元老们相应的股份，可以消除他们退休前后物质利益和内心角色的巨大落差，也可以将企业元老直接变成公司股东，使他们退休后继续关注公司发展，为公司整合各种资源，虽然退休了但心还在公司，也可以防止核心员工在离职或退休后跳槽到竞争对手公司，还可以有效消除新老员工之间的隔阂，有利于企业文化的传承与企业的长远发展。

在老员工激励计划的设计和实施中，企业家经常会产生如下疑问：有些创业元老本身已经获得过股权激励，就算离职之后，每年的分红收益也有保证，即便企业不上市，其所持有股份也会越来越值钱。为什么还要给他们再进行激励？

事实上，无论现有高管获得了多大股份权益，只要公司进行新老传承，老员工必然会损失其个人利益，其原有的股份、分红或其他收益，都是其既得利益。通过"金色降落伞"计划，正是为了让他们看见利益上的增量，从而激励他们将位置和权力让渡出来。

老员工激励计划面向的激励对象可以为董事、高级管理人员、技术骨干、业务人员，例如签署了保密协议的重要员工，或者其他由董事会认定的特殊贡献员工。当他们离职之后，可以采取设定期限的股权激励方式加以激励，期限可以是离职3年后或者5年，也可以提前在方案中设定好原因，何种情况下离开、企业会在多长时间内用多大额度激励他们。

为了更好利用股权激励老员工，未来骨干员工的股权激励持股平台，最好与激励老员工的持股平台加以区分。企业可以考虑同时设立两个有限合伙企业，其中一个作为老员工的持股平台，开展"金色降落伞"计划；另一个则作为一般股权激励平台，针对未来骨干员工设立。

针对老员工的股权激励，同样需要设立约束条件。例如，企业可以设立"接班人计划"的行权条件，即对于被授予期权的老员工而言，每个人都有行权的前提条件：为公司培养出指定的骨干领导者，并帮助其顺利交接岗位职责，达到这一条件，才能够拿到激励股份。

利用类似条款，实际上就能将新老员工的利益变成完全一致。因为一旦完成交接，老员工所持有的该股份就能倍增，而新员工除了职业生涯的进取之外，也可以拿到对应的激励。反之，双方权益都会受损。

因此，老员工激励计划最好的实施逻辑，就是将之看着动态演变的过程，在任何时间段进行股权激励，都要考虑企业过去、现有和未来人才的全盘利益。

第八章

股权激励的风险与防范

股权激励是把双刃剑，用得好能对员工产生较大的激励作用，激励对象获得高回报，企业也借此实现健康发展甚至跨越式发展，皆大欢喜。但若对股权激励认识不全面，缺乏系统设计，不仅完全起不到激励作用，甚至还有可能影响团队的稳定和企业的发展。

比如，股权激励将股权分给核心员工，创始人的股权不可避免地会被稀释，如果股权统筹布局设计不当会导致创始人失去对公司的控制权；又如，股权激励想留住核心骨干人员，但因为员工对股权激励机制缺乏必要的理解，认为公司只是以股权激励为由进行内部股权融资，而心生抵触；再如，股权激励想提振公司业绩，但弄巧成拙，因设计不当导致公司管理层过分追求短期利润而忽视长远发展，透支公司资源……

水能载舟，亦能覆舟，但我们不能因为船容易翻就放弃坐船。同理，我们不能因为有风险就放弃使用股权激励这种工具，毕竟经过数十年的发展，实践已经证明，正确实施股权激励能够起到非常明显的正向效应，能实现股东、公司、员工、社会等多方共赢。重要的是，我们需要明白股权激励为什么会有风险、风险来自哪里，更重要的是，我们要懂得如何防范风险、应对风险。

第一节 控制权流失的风险与防范

实施股权激励，从不同角度看有不同的含义。若从公司股权结构的角度来看，则表示公司股东让渡了部分股权给激励对象，更通俗地说就是股东股权被稀释了。

有些企业家一听到股权被稀释，就像被割了一块肉一样。其实，要辩证地看股权被稀释这一过程。一方面，正常的股权融资、股权激励行为，的确会造成股权的稀释，创始人的股份比例被摊薄了；但另一方面，这种股权稀释的过程，也为公司带来了更强大的发展资源——资金和人才，也就是我们通常所说的"融资"与"融智"，这些都是公司发展壮大所必需的，能为公司带来新的发展空间，然而，对任何一家公司而言，股权稀释若操作不当，不仅利益受损，甚至还有可能丧失对公司的控制权。

一、股权是怎样被稀释的

作为公司创始人，首先必须得了解在各轮融资及股权激励过程中，自己的股权是怎样一步步被稀释的。

一般来讲，一家初创科技型公司从诞生到 IPO，可能会经历天使轮、A 轮、B 轮、C 轮等多轮融资，融资轮次并没有太严格的定义。简单来说，天使轮是最早期的投资，所投的项目刚刚成型，有些甚至没有一个完整的产品和商业计划，或者仅仅只有一个概念，因而公司估值不高，融资金额不大。A 轮一般是公司产品有了成熟模样，开始正常运作，公司商业模式逐渐清晰，产品或服务已拥有一定的市场份额，在行业内拥有一定的口碑和地位。B 轮一般是公司经过一轮融资后，获得较大发展，开始盈利，商业模式已经充分被验证，公司业务快速扩张，需要推出新业务、拓展新领域，因此需要更多的资金。C 轮一般是在公司已经发展到非常成熟的阶段，拥有大量用户，在行业内有主导或领导地位，具备上市条件下进行的。不同行业、不同类型的公司，融资速度和轮次会有所不同，有的公司可能会还有 D 轮、E 轮融资，基本上就是 C 轮的升级版。每一轮融资，根据企业估值与融资金额，投资机构通常会占股一定比例，公司股东持股比例就会被稀释。

二、详解股权稀释过程

假设，张三和李四合伙成立一家公司，张三是大股东，占股 80%；李四是小股东，占股 20%。

第一年，公司开展天使轮融资。天使投资机构要求占股 20%。同时，根据天使投资机构的建议，在天使投资前公司增发 20% 的股权用于股权激励。那么，公司的股权就被稀释了 20%，具体如表 8-1-1 所示。

表 8-1-1 股权激励后股权结构变化

股东	股权比例
张三	64%，即 80%×（1−20%）
李四	16%，即 20%×（1−20%）
股权激励	20%

天使机构投资后，公司的股权再次被稀释 20%，具体如表 8-1-2 所示。

表 8-1-2 天使轮投资后股权结构变化

股东	股权比例
张三	51.2%，即 64%×（1-20%）
李四	12.8%，即 16%×（1-20%）
股权激励	16%，即 20%×（1-20%）
天使投资机构	20%

假设后面的 A 轮、B 轮、C 轮投资机构均要求占股 20%，那么一直到公司 IPO 前的股权结构，如表 8-1-3 所示。

表 8-1-3 从初创到 C 轮融资股权结构变化

股权人	创始比例	股权激励后	天使轮融资后	A 轮融资后	B 轮融资后	C 轮融资后
张三	80%	64%	51.2%	41.0%	32.8%	26.2%
李四	20%	16%	12.8%	10.2%	8.2%	6.6%
股权激励		20%	16%	12.8%	10.2%	8.2%
天使投资机构			20%	16%	12.8%	10.2%
A 轮投资机构				20%	16%	12.8%
B 轮投资机构					20%	16%
C 轮投资机构						20%

从上面案例可以看出，随着每一轮融资的开展，创始人的持股比例不断得到稀释，到了 C 轮融资时，大股东张三只占 26.2% 的股权，仅比 C 轮投资机构高约 6 个百分点。若再按这样的比例进行 D 轮和 E 轮融资，届时张三的股权会被稀释成 16.8%，竟比 E 轮投资机构 20% 的股权要低。此时，公司最大的股东竟成了 E 轮投资机构。当然，这只是一个极端的假设，现实中可能并不多见，但这个假设很直观地告诉我们，公司实施股权融资、股权激励等活动，的确存在让创始人丢掉控制权的风险。

1号店创始人是怎样丢掉控股权的

2008年，从戴尔任全球采购副总裁的于刚离职，和好友刘峻岭一起，创立了1号店。在他们的设想中，1号店是"比超市还要便宜的网上超市"。

但可能运气欠佳，刚创业就遇上了全球金融危机。到2009年10月，1号店第一轮融资的2000万元已所剩无几，跟其他很多创业项目一样，1号店遭遇生死关，如果再融不到资，资金链将很快断裂，公司很有可能会倒闭。

于刚和刘峻岭四处寻找"金主"，找过多家风投机构，但要么估值分歧太大，要么资金到位时间不能确定，最终一个都未能谈成。眼看公司"大限"将至，一个偶然的机会，1号店与平安集团搭上了线。恰巧那时，平安集团想在互联网医疗领域有新的拓展，正好看中了1号店的互联网属性，便有意投资。而于刚和刘峻岭的打算是，若平安集团能投资，不仅能盘活1号店，更能背靠平安集团这棵大树，寻求更多的资源合作。

很快，双方确定了合作意向。但在占股比例上，双方仍有争议。起初，平安集团欲全资收购1号店，遭到于刚和刘峻岭的反对。后来平安集团作出让步，提出8000万元收购1号店80%的股权——这相当于，创始人于刚和刘峻岭拱手让出了1号店的控股权。但若不同意该方案，在没有找到其他融资渠道的情况下，1号店很可能直接关门。最终，为了能让1号店活下来，于刚和刘峻岭同意了平安集团的收购方案，即平安集团占股80%，创始人于刚和刘峻岭只占股20%。彼时，离1号店创业还不到2年，创始人便失去了控股权。

不过，绝对控股后的平安集团发现，1号店未能发挥预期中的效应，对拓展主营业务帮助不大，有了转让 1 号店的想法。

2011 年，准备强势进军中国电商市场的零售巨头沃尔玛当了"接盘侠"，以 6500 万美金从平安集团手中获得 1 号店 20% 的股权。令人唏嘘的是，在这场交易中，创始人于刚和刘峻岭因只有 20% 的股权，决定不了 1 号店的命运。后来，沃尔玛几经增资成功获得 1 号店 51.3% 的股权，成为 1 号店新的控制人。与此同时，沃尔玛"空降"了大批高管入驻 1 号店，逐渐被边缘化的创始人于刚和刘峻岭，最终只得黯然离开。

当初，1 号店遭遇资金困局，创始人寻求融资，无可厚非。但关于融资与控股的关系，创始人并没规划好，于刚甚至还说过"如果融资的结果是把公司做成，我不在乎股权多少"之类的话。但事实上，"不在乎"股权的于刚最终失去了对公司的控制权。也许，于刚不在意失去 1 号店的控制权，但对绝大部分创始人来说，在融资与控制权的关系处理上，建议还是要慎重为妥。

一方面，公司应尽早做好资本规划，把握好融资步伐，避免因被动融资，融资过快过大，而造成股份比例稀释过大。另一方面，公司从设立开始就要做好控制权设计与布局，比如股权激励可以通过设置有限合伙企业作为持股平台，由创始股东担任有限合伙企业的一般合伙人（执行事务合伙人），对合伙企业所持股份享有表决权。另外，公司股东也可以通过一致行动人协议安排，共同扩大对公司的股份表决权数量。一般情况下，一致行动人在行使提案权和表决权之前会进行洽商，尽可能形成一致意见。如果没有达成一致，协议应明确规定以谁的意见为主进行提案或表决。

第二节 股权统筹布局八条警戒线

股权稀释的目的一般有两个，一是融资，即寻求资金；二是融智，即吸引核心人才。因此在股份稀释的过程中，要考虑到大股东对公司控制权的问题。除了引入资本，股权激励是引起大股东股份稀释的重要原因之一，因此在实施股权激励前，要充分认识到占有公司相应比例股权的相关权利，我们把它总归为八条警戒线。

一、绝对控制线：67%（或大于三分之二）

第一条线是绝对控股权的比例线，即67%（或大于三分之二），股东持股比例超过三分之二意味着可以决定公司一切重大事项。

【法律条文】《公司法》第四十三条规定，股东会会议作出修改公司章程、增加或者减少注册资本的决议，以及公司合并、分立、解散或者变更公司形式的决议，必须经代表三分之二以上表决权的股东通过。第一百零三条规定，股东大会作出修改公司章程、增加或者减少注册资本的决议，以及公司合并、分立、解散或者变更公司形式的决议，必须经出席会议的股东所持表决权的三分之二以上通过。

【重点解读】有限责任公司与股份有限公司区别在于，股份有限公司要求的是出席会议的股东所持表决权的三分之二以上通过，而不是有限责任公司要求的全体股东所持表决权的三分之二以上通过。

二、相对控制线：51%（或大于二分之一）

第二条线为相对控股权的比例线，即51%（或大于二分之一），若创始人拥有公司股份在51%以上，可实现对公司的控股。若公司对子公司持股比例达到51%，则可合并子公司报表。

【法律条文】《公司法》第一百零三条规定，股东大会作出普通决议，必须经出席会议的股东所持表决权过半数通过。

【重点解读】公司法仅有股份有限公司中的过半数表决条款。换言之，对于有限责任公司而言，公司法并未明确规定股东会普通决议的程序，而是让股东们自行通过章程确定。

三、防御控制线：34%（或大于三分之一）

第三条线是防御型控制权的比例线，即34%（或大于三分之一），对公司创始人来说，只要拥有了超过三分之一的股权，也就等于拥有了重大事项否决权。

【法律条文】《公司法》第四十三条规定，股东会会议作出修改公司章程、增加或者减少注册资本的决议，以及公司合并、分立、解散或者变更公司形式的决议，必须经代表三分之二以上表决权的股东通过。第一百零三条规定，股东大会作出修改公司章程、增加或者减少注册资本的决议，以及公司合并、分立、解散或者变更公司形式的决议，必须经出席会议的股东所持表决权的三分之二以上通过。

【重点解读】创始人拥有大于三分之一的股权，也就表示其他人无法达到三分之二以上的表决权，他就可以对关系到公司的重大决策行使一票否决权。

四、上市公司要约收购线：30%

要约收购，是指收购人向被收购的公司发出收购公告，待被收购上市公司确认后，方可实行收购行为。这是各国证券市场最主要的收购形式，通过公开向全体股东发出要约，达到控制目标公司的目的。

【法律条文】《证券法》第八十八条规定，通过证券交易所的证券交易，投资者持有或者通过协议、其他安排与他人共同持有一个上市公司已发行的股份达到百分之三十时，继续进行收购的，应当依法向该上市公司所有股东发出收购上市公司全部或者部分股份的要约。

【重点解读】持股超过30%，意味着很可能会诞生新的控股股东，公司控制权很可能会发生重大变化，其他投资者不一定信任新控股股东，所以得给中小股东一个公平退出的机会。

五、临时会议线：10%

临时会议线，是指当股东拥有公司10%的股份时，就拥有了举行临时会议的权利，并且拥有提出质疑、调查、起诉、清算、解散公司的诉权。

【法律条文】《公司法》第三十九条规定，代表十分之一以上表决权的股东，三分之一以上的董事，监事会或者不设监事会的公司的监事提议召开临时会议的，应当召开临时会议。第四十条规定，董事会或者执行董事不能履行或者不履行召集股东会会议职责的，由监事会或者不设监事会的公司的监事召集和主持；监事会或者监事不召集和主持的，代表十分之一以上表决权的股东可以自行召集和主持。这两条，是针对有限责任公司而言的。

《公司法》第一百条规定，股东大会应当每年召开一次年会。有下列情形之一的，应当在两个月内召开临时股东大会：单独或者合计持有公司百分之十以上股份的股东请求时。第一百一十条提出，代表十分之一以上表决权的股东、三分之一以上董事或者监事会，可以提议召开董事会临时会议。董事长应当自接到提议后十日内，召集和主持董事会会议。这两条，是针对股份有限公司而言的。

六、股权变动警示线：5%

股权变动警示线，是指上市公司转让或者变更股权所有权时，如果超过了总量的5%，就需要进行公示与信息披露。

同时5%也是认定公司关联方的比例线。

【法律条文】《证券法》第六十七条规定，发生可能对上市公司股票交易价格产生较大影响的重大事件，投资者尚未得知时，上市公司应当立即将有关该重大事件的情况向国务院证券监督管理机构和证券交易所报送临时报告，并予公告，说明事件的起因、目前的状态和可能产生的法律后果。《证券法》所说的重大事件，包括"持有公司百分之五以上股份的股东或者实际控制人，其持有股份或者控制公司的情况发生较大变化"的情形。

《证券法》第八十六条规定，通过证券交易所的证券交易，投资者持有或者通过协议、其他安排与他人共同持有一个上市公司已发行的股份达到百分之五时，应当在该事实发生之日起三日内，向国务院证券监督管理机构、证券交易所作出书面报告，通知该上市公司，并予公告；在上述期限内，不得再行买卖该上市公司的股票。投资者持有或者通过协议、其他安排与他人共同持有一个上市公司已发行的股份达到百分之五后，其所持该上市公司已发行的股份比例每增加或者减少百分之五，应当依照前款规定进行报告和公告。在报告期限内和作出报告、公告后二日内，不得再行买卖该上市公司的股票。

【重点解读】以上法规表明，持有上市公司股份达 5% 以上的股东，有锁定期的限制，及公示与信息披露的义务。

七、临时提案线：3%

临时提案线，是指当股东的股份达到 3%，就拥有临时提案的权利。

【法律条文】《公司法》第一百零二条规定，单独或者合计持有公司百分之三以上股份的股东，可以在股东大会召开十日前提出临时提案并书面提交董事会；董事会应当在收到提案后二日内通知其他股东，并将该临时提案提交股东大会审议。

【重点解读】这条规定仅适用于股份有限公司，相当于可以提前开"小会"，有限责任公司由于其具备的人合性，没有此类繁杂的程序性规定。

八、代位诉讼线：1%

代位诉讼线，是指公司股东拥有了总股本 1% 的股权后，就可以拥有间接调查和起诉的权利，也被称为派生诉讼权。

【法律条文】《公司法》第一百五十一条规定，董事、高级管理人员有本法第一百四十九条规定的情形的，有限责任公司的股东、股份有限公司连续一百八十日以上单独或者合计持有公司百分之一以上股份的股东，可以书面请求监事会或者不设监事会的有限责任公司的监事向人民法院提起诉讼；监事有本法第一百四十九条规定的情形的，前述股东可以书面请求董事会或者不设董事会的有限责任公司的执行董事向人民法院提起诉讼。

【重点解读】此条款表明，当公司董事、高级管理人员有挪用公司资金等侵犯其他股东利益的行为时，如果公司董事会、执行董事不作为，拥有 1% 股份的股东可以行使代位诉讼权保护小股东权益。

第三节 法律财税风险与防范

一、法律风险与防范

股权激励是现代企业制度的产物，最早是在 1952 年在美国辉瑞制药公司推出，而后以惊人的速度在西方发达国家迅速被采用。现代企业制度典型特征是所有权与经营权分离。股东拥有公司所有权，通过公司董事会聘用经营者，授予其经营权，同时赋予其相应的报酬。在这种情况下，由于双方角色的不同、利益诉求的不同而产生了委托代理风险，即股东作为委托人更关注企业的长期价值，而代理人考虑的是如何最大限度地获取报酬，这种关系容易导致代理人的短期行为。委托代理理论认为，必须控制代理人的道德风险行为，处理好信息不对称问题，委托人应给予代理人适当的激励和监督以纠正或限制代理人的行为。股权激励制度也应运而生，通过股东与经营者签订股权激励合同，约定在经营者达到合同约定的行权条件后可以成为公司的股东，使代理人更关注公司长远利益，降低委托代理矛盾，逐渐使双方形成方向一致、利益一致的利益共同体，成为事业伙伴乃至能够共担、共享、共荣的命运共同体。

完善的法律体系是实施股权激励的基础，目前与股权激励相关的法律有《公司法》《证券法》，证监会针对上市公司的《上市公司股权激励管理办法》《证监会关于上市公司实施员工持股计划试点的指导意见》等法规政策，以及国资委针对国有企业的《关于国有控股混合所有制企业开展员工持股试点的意见》，非上市公司股权激励目前并没有明确的法律法规指导，更多的是给企业以自主权。

此外，股权激励还涉及股东与激励对象的权利义务关系，尤其是股权激励合同的签订，会计处理，个人所得税如何缴纳的问题，因此，合同法、劳动法、劳动合同法、会计法、税法也是股权激励很重要的法律依据，这对公司相关负责人提出了更高要求，必须要熟悉相关法律法规。中力建议，实施股权激励是专业的事情，涉及大量的专业知识，法律陷阱比比皆是，处理不当容易为企业发展埋下隐患，股权激励方案在制定时应找专业机构咨询，对方案进行把关，识别并排除潜在的风险。

富安娜股权激励纠纷案

富安娜在 2009 年 12 月 30 日深交所上市前有超过两千员工，2007 年 6 月，富安娜制定和通过了《限制性股票激励计划》以每股净资产 1.45 元的价格向 109 位员工定向发行 700 万股限制性股票。

被告曹琳原为富安娜常熟工厂的生产厂长，在富安娜对员工实行股权激励计划期间，以 1.45 元的优惠的价格认购了 5.32 万股的股票（相当于原始股），并于 2008 年 3 月 20 日以公司股东的身份向富安娜出具了《承诺函》，承诺"自本承诺函签署日至公司申请首次公开发行 A 股并上市之日起 3 年内，本人不以书面形式向公司提出辞职、不连续旷工 7 日"，并承诺"若发生上述违反承诺的情形，本人自愿承担对公司的违约责任并向公司支付违约金"。违约金为持有的股票可公开抛售之日的收盘价减去违约情形发生时上一年度每股净资产。

然而在取得富安娜股票后，曹琳从 2010 年 7 月 1 日起在未办理任何请假手续的情况下连续旷工，且再未到富安娜上班，自动离职，该行为违反了其《承诺函》的承诺，导致富安娜对其股权激励目的无法实现。经南山区人民法院审判委员会讨论决定，判决被告曹琳于判决生效之日起十日内向原告深圳市富安娜家居用品股份有限公司支付违约金189.89万元及利息，如未按判决指定的期间履行金钱给付义务，将加倍支付延迟履行期间的债务利息，此次案件诉讼费用由被告曹琳全额承担。

法院确认《承诺函》对被告具有约束力。

二、财税风险与防范

关于股权激励的税务处理，财政部、国家税务总局出台了相关文件，具体包括《财政部 国家税务总局关于完善股权激励和技术入股有关所得税政策的通知》《国家税务总局关于股权激励和技术入股所得税征管问题的公告》《股权转让所得个人所得税管理办法（试行）》《国家税务总局关于股权激励有关个人所得税问题的通知》《财政部、国家税务总局关于股票增值权所得和限制性股票所得征收个人所得税有关问题的通知》《关于个人股票期权所得缴纳个人所得税有关问题的补充通知》《财政部、国家税务总局关于个人股票期权所得征收个人所得税问题的通知》等。

另外，公司还应重点关注股权激励所产生的股份支付问题。股份支付，是"以股份为基础的支付"的简称，是指企业为获取员工和其他方提供服务而授予权益工具或者承担以权益工具为基础确定的负债的交易。股份支付分为以权益结算的股份支付和以现金结算的股份支付。以权益结算的股份支付，是指企业为获取服务以股份或其他权益工具作为对价进行结算的交易。以现金结算的股份支付，是指企业为获取服务承担以股份或其他权益工具为基础计算确定的交付现金或其他资产义务的交易。

对于可行权日在首次执行日或之后的股份支付，应当根据《企业会计准则第 11 号——股份支付》的规定，按照权益工具、其他方服务或承担的以权益工具为基础计算确定的负债的公允价值，将应计入首次执行日之前等待期的成本费用金额调整留存收益，相应增加所有者权益或负债。

股份支付具有三个特征：

一是股份支付是企业与员工或其他方之间发生的交易。以股份为基础的支付可能发生在企业与股东之间、合并交易中的合并方与被合并方之间或者企业与其员工之间。只有发生在企业与其员工或向企业提供服务的其他方之间的交易。才可能符合股份支付的定义；

二是股份支付是以获取员工或其他方服务为目的的交易。企业在股份支付交易中意在获取其员工或其他方提供的服务（费用）或取得这些服务的权利（资产）。企业获取这些服务或权利的目的是用于其正常生产经营，不是转手获利等。

三是股份支付交易的对价或其定价与企业自身权益工具未来的价值密切相关。股份支付交易与企业与其员工间其他类型交易的最大不同，是交易对价或其定价与企业自身权益工具未来的价值密切相关。在股份支付中，企业要么向员工支付其自身权益工具。要么向员工支付一笔现金。而其金额高低取决于结算时企业自身权益工具的公允价值。对价的特殊性可以说是股份支付定义中最突出的特征。

对于拟上市公司来说，为避免股份支付费用过大影响公司利润，公司应合理选择激励的时间点和激励模式进行激励。企业的价值会随着公司的良性发展逐步提高，股权的公允价值也会逐步增长。激励时间在企业发展初期，直接选择实股的方式激励，行权价格相对较低，但也可能导致企业的价值还未彰显，对激励对象吸引力不强，员工不愿意掏钱购买股份。但若行权时间过晚，临近IPO申报期，尤其是当企业引入投资机构后，股权价值得到彰显，此时激励对象以优惠价格行权购买股份，公司将面临巨大的股份支付费用，影响申报期利润水平，甚至导致公司无法满足上市利润要求而推迟甚至终止上市计划。中力建议，股权激励的实施应分阶段、分对象、分模式进行，提早做好布局筹划，既让股权激励机制有足够的时间运转并充分发挥其激励作用，又避免因后期行权时因激励价格过高而让股权激励失去激励性，或价格过低而让企业背负巨大的股份支付费用。

宝兰德因股份支付折戟IPO

北京宝兰德软件股份有限公司于2016年5月申报IPO，2017年5月10日在证监会创业板发行审核委员会2017年第39次发审会议上，宝兰德IPO并未获得审核通过。经查阅2017年招股说明书，公司2015年确认了因股份支付而产生的2235.27万元管理费用，导致当年净利润和利润总额较少。而2016年招股说明书并未确认这笔因股份支付而产生的管理费用，确认这笔管理费用后，净利润也由2638.28万元下降到403.02万元，也是其IPO被否的一个重要原因。

第四节 股权激励机制风险与防范

方案设计风险，是指股权激励的制度不完善，存在漏洞，不能有效约束激励对象，出现激励失效甚至负向激励的风险。股权激励的方案设计相当重要，可以这么说，方案设计得好，就已经成功了一大半。股权激励是一套完整的激励机制，从小的方面说，包括定对象、定数量、定来源、定时间、定价格、定模式等多个环节，任何一个环节不规范都容易引发风险，从大的方面讲，应包含进入、行权、退出三大机制，缺一不可。

一、进入机制风险与防范

设立进入机制的目的是要保障激励对象之间的公平性，因为股权激励不是要让每一个人都成为股东，而是让他们看到成为股东的希望并为之努力。进入机制必须要明确哪些人可以成为激励对象，可以约定职务等级、工作年限、业绩表现等条件要求。要谨记股权激励是激励而不是福利，不是撒胡椒面儿，在激励倾斜度上，股份分配既要公平，又要有激励重点。公平是指在高管与核心员工间分配不要太悬殊，有重点是指高管之间、核心员工之间不能搞平均主义，应按贡献大小拉开差距。如果激励对象选得不对，本应激励核心骨干却变成了"照顾各方关系"，这样的股权激励自然难以起到相应的效果。

某高科技技术公司，为激发员工斗志，老板决定实施限制性股票激励，激励对象为总经理、销售总监和研发总监三人，授予他们的股份分别占公司总股本的1%、0.5%和0.5%。实施股权激励本是件好事，但对于授予数量，销售总监认为，销售部门对公司利润的贡献最大，凭什么自己的份额与研发总监一样多？而研发总监认为，只有不断研发出新产品，公司才可能实现利润，研发部门应比销售部门更重要，自己的份额应比销售总监多。两位总监闹来闹去，谁也不服谁，最终闹到销售总监辞职才罢休。好好的一场股权激励，就因员工内部未达成一致，导致核心骨干离职。所以，进入机制不仅需要科学合理，股权分配还要做到公平公正，有理有据，否则不仅起不到激励效果，反而还会引发内讧，影响员工士气。

二、行权机制风险与防范

行权机制体现了激励与约束相结合的原则，目的是要保障股东与激励对象之间的公平性。如果考核规则定得不科学，任务目标定得过高，是难以达到的"天文数字"，显得股东激励诚意不足，激励对象失去积极性；或是目标定得过低，是轻而易举就可完成的"基本任务"，这样对股东也不公平。目标的制定必须公平合理，否则难以起到激励效果。此外，在业绩考核上，既要设计财务指标，也要设计非财务指标，以客观评价激励对象的业绩和能力。

某公司在实施股权激励时，对激励对象的业绩考核有非常详细的规定，最终结果表明，股权激励实施的效果不错，公司超额完成了目标任务。但让老板没想到的是，刚刚行权没几天，几名高管在高位套现股票后就立马提出辞职，有的还跳槽到竞争对手公司。后来老板才知道，原来那几名高管对公司理念不认同，只希望赚快钱。这一事件也给老板上了一课：对于激励对象，除了要有财务指标方面的考核，还要有人品道德、创业理念方面的筛选。

三、退出机制风险与防范

退出机制指激励对象在考核期间以及股份锁定期间发生异动时候对股份的处理方式，异动情形包括离职、退休、死亡、伤残、触碰公司"电网"等。对于每一种情况，必须设定好相应的退出方式以及退出价格，目的是要保障股东与全体激励对象和当事人之间的公平性。先小人后君子，大家都是君子，先君子后小人，最后都是小人。退出机制在保障各方合法利益的前提下必须尽可能明确，避免异动情况发生时产生不必要的纠纷。

对激励对象"跑路套现"说不

回天新材是一家从事胶粘剂和新材料的研发生产的高新技术企业。2007 年，为激发员工积极性，回天新材决定实施股份期权激励，以当时每股净资产的价格（每股 2.87 元）授予高管及核心骨干。同时，公司与激励对象约定，非年龄、身体原因，激励对象若提前离职或辞职离开公司，需将所持有公司的全部股份按提出辞职时公司每股净资产价格转让给在职董事。

2010 年 1 月，回天新材成功在创业板上市，股价大幅飙升，在 1 年内翻了 1 倍。不过，从上市的第二个月起，就有多名激励对象以身体原因向公司提出辞职，但并没有将股份转让给在职董事，而是在法定锁定期内就抛售股票。还有的激励对象，在离职后甚至成立新公司，并与回天新材开展同业竞争，与公司抢市场。

在与激励对象协商未果后，回天新材将 31 名违约激励对象告上法庭，要求他们将股份转让给公司在职董事，并向公司支付赔偿金。

最终，法院支持了回天新材的诉求，公司也因此获得了1500万元赔偿金。

实施股权激励的本意，是为了实现公司与员工的双赢。但一旦公司上市，随着股价的大幅飙升，有些激励对象将股权激励视作"跑路套现"的工具，拿到高额收益后再千方百计从公司离职，甚至另起炉灶与公司开展同业竞争，这显然背离了股权激励的初衷，也是公司所不能容忍的行为。回天新材将违约激励对象告上法庭，正是为了惩戒那些不讲诚信的员工，维护公司的尊严，正如该公司负责人在接受媒体采访时说的那样："不是钱的问题，而是作为一个企业，需要有严格的制度，信守承诺，这才有利于公司长远发展。"

实施股权激励的初衷，一是要留住核心人才；二是要最大化发挥核心人才的作用，最终实现企业价值的战略目标。但人是最复杂的一种生物，因为人有思想，有思维，并不是说只要给的钱多就可以留住他，正所谓"留住他的人，留不住他的心"。想要真正留住人才，不仅要靠股权留人，更要靠文化留人。如果员工从内心里不认同公司的文化、不认同股东的理念或是不认同公司发展的方向，再怎么拿股权进行激励，也未必能起到好的激励效果。

第五节 围绕顶层设计，回归激励原点

前面四节提到的风险更多是技术上的风险，技术的风险是显而易见并且可以通过科学的机制设定进行防范，但最大的风险可能来自于顶层设计风险。顶层设计风险是指实施股权激励方案的同时，忽略了公司顶层设计上的规划，导致股权激励与公司战略"两张皮"的风险，最终有可能出现的情况是激励对象拿到了股份，公司的战略目标却没有实现。

在中国企业中，有一个很不好的现象叫作跟风"炒概念"。有些企业家看到最近很多公司都在做股权激励，就认为股权激励是灵丹妙药，也跟着做，认为只要实施了股权激励，公司马上就能变个样。殊不知，决定一家公司发展好坏的因素有很多，比如产品质量、商业模式、资金成本、研发实力等。股权激励不是目的，而是手段，不能包治百病。搞清楚公司的发展方向是什么，治理结构和组织结构如何设计，哪些人是应该重点激励的核心人才，是激励方案设计的先决条件。

某公司的主营业务是生产及销售白酒，老板一直有个梦想，希望推出一款与众不同的白酒，他非常注重产品研发。所以在实施股权激励时，老板将大部分激励对象都限定在研发部门。当时，公司也有不同声音，认为销售也很重要，销售部门也应被纳入到激励范围内。但固执的老板没有同意。事实上，那段时间竞争对手在争相建立渠道，

抢夺渠道资源。等该公司缓过神来，发现酒虽是好酒，但就是卖不动，因为渠道已被竞争对手所垄断，自己错过了扩张渠道的战略期。

为什么激励、激励谁、什么时候激励、释放多少额度激励、如何设定考核目标，这些问题股权激励本身并不能给出答案，因为股权激励的本质是公司的一种长期激励机制，作为公司短期薪酬激励的补充。要正确地回答这些问题，必须回归激励原点——公司顶层设计！

经济基础决定上层建筑，分配是关键；顶层设计决定奋斗蓝图，方向是根本。所以构建好股权激励的原点——公司顶层设计，既决定企业所有人的奋斗蓝图，也决定股权激励落地的价值及意义！顶层设计既是蓝图的规划，也是发展的脉络所在，它不单是需要艺术的表达，更需要层层分解及条条落实。

中力独创的基于顶层设计的股权激励，正是为了从源头强化股权激励的正向作用，让股权激励从一开始就走在正确的康庄大道上。

顶层设计是一种系统思维和全局观念，是通过科学的方法论，规划企业未来 5 年的发展，能有效地解决错综复杂的市场问题和企业内部的经营管理难题，为企业的健康发展奠定坚实的基础。

中力认为，企业实施股权激励，只有基于企业未来商业定位的整体规划，从商业设计、治理架构、组织规划、产融规划等多维的角度视野，对企业未来发展蓝图进行前瞻性规划与设计，通过统筹规划把人才、资源、资本等核心商业要素更高效和有价值运用，才能从系统上保障股权激励的效果。

中力基于顶层设计的股权激励，从大的方向上看，包括四个层面：商业设计、治理设计、组织规划和产融规划。

商业设计，是指企业在商业模式、战略规划、决策推演等方面的顶层设计。商业设计是顶层设计的第一环节，是顶层设计的源头和原点，也是最重要的环节，因为它决定了企业的发展方向和价值。在某种意义上，企业发展方向决定了股权激励的成败。今天企业的发展，信息技术带给了社会深刻的变化，很多商业的业态、生态也发生了巨变，如果企业的商业模式、战略规划、决策推演等层面，一开始就不清晰，甚至是错的，怎么能让员工看到企业的前景？员工看不到未来，就难以从内心激发他的动力，企业再怎么激励，也难以让他从内心深处认同企业，也就难以达到预先设想的效果。企业应该不断优化商业模式，进行前瞻性的战略规划，通过决策推演验证商业逻辑，理清企业如何创造价值。

治理设计，就是企业的治理规则。企业确定好商业模式等顶层设计后，人才、资金、技术等各种资源配备齐全后，能不能让所有资源高效运转，还需要一套透明的治理规则。比如，股东与股东之间的责权利是否明晰、管理层之间的权利分配是否均衡、公司各种制度是否公平规范等都是资源能否得到有效配置的关键因素。如果没有把股权结构、治理结构及公司相关章程等规则设定好，难免会出现资源错配、效率低下甚至出现人事内斗现象，在这种情况下，把股权激励设计得再好也不起作用。

组织规划，指以提升企业组织效率、发挥人才效能为核心的组织规划和人才发展体系。企业在不同的发展阶段，需要匹配相应的组织模式和人才；如果组织体系设置不合理，组织机构臃肿、效率低下，势必会影响人才的才能施展和企业的战略达成。对企业家来说，要充分认识到人才的成长性，并根据成长期的不同表现适时调整对人才的各种待遇，包括薪酬绩效、职位提升等，这是一个动态调整的过程，让人才在企业的每个发展阶段都能发挥最大的积极性。这些都不是企业家拍脑袋就能决定了的事，而是需要一套组织规划，"企业现在处在哪个阶段，需要哪些关键性的岗位，需要对哪些关键人才实施激励"，都需要有严密的规划，否则就是打乱仗，胡子眉毛一把抓，最终可能会导致该激励的岗位没有得到激励，反而对不太重要的岗位实施激励，出现事倍功半的局面。

产融规划，指的是整合产业资源和金融、产业资本，实现产融结合，打造股权生态系统。产融规划包括供应链条、业务蓝图、资本路径三方面。企业在产业链的哪个位置？未来是要向上游并购，还是要向下游拓展？如果处于产业链中游，如何规避上游原材料价格的波动风险，如何打通下游的分销渠道？企业发展过程中，少不了资本的助力，但在企业的哪个阶段融资、融多少、向谁融资，这些都关系到企业战略层面的发展大计。如果能解决好这些问题，就能带领企业朝着既定的方向前行，也只有在这种状态下，实施股权激励才更有意义。

顶层设计的四个层面是环环相扣的，任何一个层面都不容忽视，它们相互支撑又相互作用，共同决定了企业的未来发展蓝图。与此同时，顶层设计的四个层面还是不断迭代的过程。随着企业不断的发展，产融规划决定了业务蓝图后，顶层设计的焦点会再次回到商业设计这个原点上面。未来要实现的业务蓝图必定要匹配合适的商业设计、治理结构和组织规划等各个方面的内容。在顶层设计四个层面的不断迭代更新的过程中，企业会越走路越宽，也就越能从源头上为股权激励的实施保驾护航。

第九章

激励的奥秘：从方法到艺术

在一次股东大会上，有投资者问巴菲特："怎样才能像您一样买到好的股票？"

巴菲特回答："我们总希望能以略微低于公司内在价值的价格买股票。"

投资者又问："怎样才能知道公司的内在价值？"

巴菲特回答："一个公司的内在价值，是它在存续期间所产生现金流的折现值。"

于是，关于现金流折现的秘密在投资者中流传开来。有人还研究出如何计算现金流折现的公式。但即便如此，人们还是买不到好的股票。因为在那个公式中有一个变量，变量的取值哪怕只有微小的差异，最后计算出来的结果差距巨大。

又一年的股东大会上，又有投资者问巴菲特："该怎样正确计算现金流的折现值？"

此时，站在一旁的巴菲特的搭档查理·芒格说："我从未见巴菲特计算过现金流的折现值。"

后来，人们知道了，所谓的现金流折现，是对公司价值的一种估值思维，是在对公司有深入理解基础上的一种估计值，并非可以用公式计算出来的，而且不同的人估计出来的数值也是不一样的。对此，有人总结说，投资不仅仅是科学，更多的是艺术。

股权激励也是一样。而且，股权激励的变量还不止一个。股权激励是一门"聚财"的艺术：股权激励形似散财，实则聚财。"散"是为了更好的"聚"。散的好，皆大欢喜，财散人聚；散的不好，硝烟四起，财散人散。股权激励考验的是企业家的格局境界和管理智慧。

股权激励给到什么人？老员工、新员工？核心高管、普通员工？关键岗位、全员持股？

股权激励给多少合适？升米恩，斗米仇。所以，"给多少"的度如何把握？给少了起不到激励作用，给多了又激励过度，如何平衡？民不患寡而患不均，如何兼顾公平性？

股权激励给什么？现金、增值权、虚股、期权、限制性股份、实股？

股权激励怎么给？一次性给、分批给、考核给、如何考核、如何退出？

股权激励什么时候给？初创期？成长期？发展期？成熟期？

……

股权激励需考虑的因素很多，并不是直接套公式就能直接用，或者模仿别人的方案就适用，需要根据企业的实际情况进行综合考虑设计。

因此，股权激励不仅仅是科学，更多的也是艺术。

以艺术的思维来看待股权激励，可能设计出来的激励方案会事半功倍，否则机械化的套用方案可能会导致财散人散、团队分崩离析的结局。

第一节 升维思考，格局决定结局

2010 年，当听说雷军要推出一款名为"小米"的手机时，手机厂商们在暗暗发笑，在当时中国市场基本被国外手机品牌和国内山寨品牌瓜分的情况下，一个从未做过手机的人居然要推出国产手机，要硬件没硬件，要软件没软件，这不是找死吗？

然而，令手机厂商们大跌眼镜的是，小米不仅不是"找死"，反而掀起了一股雷氏互联网热潮，小米手机不仅卖断货，雷军也被粉丝们奉为"雷布斯"。手机厂商们没有想到，雷军是站在更高思维层面作出的商业决策，一出手就是居高临下的降维打击——用互联网思维做手机——突出真材实料，强调高性价比，只在网上销售，省去传统分销环节，直接面向终端消费者。

思维上的升级，决定了小米手机还未面市就已经赢了：相比山寨手机，小米品质更优，价格却相差不多；相比国外品牌手机，品质相差不多，但价格要便宜不少。果然，当小米手机横空出世后，山寨手机逐渐"相忘于江湖"，而凭着高性价比的优势，小米手机迅速抢占国内外手机品牌的市场份额，成就了小米奇迹。

思维上的升级，决定了企业家格局的高低。格局的高低，决定了企业能走多远，能做多大。古今中外，凡是成功的企业家，都是那些格局高远、视野宽广、心胸开阔的人。拥有大格局的企业家，他们在观察市场风云变幻时往往站得高、看得远，想常人之不敢想，做常人之不敢做。

马云的格局在于，"立志要让天下没有难做的生意"；马化腾的格局在于，"从写第一行代码开始，我的理想都是如何做出最好的产品，而不是赚多少钱"；雷军的格局在于，从大学开始就立志"办一家世界一流的公司"。

稻盛和夫被誉为日本商界的"经营之圣"。一次在接受采访时，有记者提问："您似乎总是很有先见之明，大家都在说您能够看到普通人无论如何都看不到的未来。如何才能看到常人所看不到的未来呢？"

稻盛和夫说，如果过于执着于自身事业和利益的话，我们的眼界就必然会受到束缚，只能看到自己周围的有限领域，无法把眼光放得更远。然而一旦我们超越自己的事业或正在从事的活动，眼界就会飞跃性地开阔起来。

换句话说，当我们凡事都不离"自我"时，就会把自身封闭进一个非常狭隘的世界。反之，如果能够超越"自我"，那么我们的世界观和宇宙观就会自然地发生改变。

一旦放大格局，人人都能预见未来。真正有格局的企业家，他们考虑的不是生产的产品能不能卖出去的问题，而是生产的产品能为人类做出多大的贡献，能给人类带来多大的福祉。思想有多远，决定事业能做多大。

这样的企业家，才具有无法抵挡的人格魅力。当他们刚开始创业时，即便一无所有，即便暂时看不清楚未来，即便暂时没有钱发工资，但就是有一帮人愿意跟着他一起打天下。

小米在成立之初，甚至连小米这个名字都还没确定时，还在一家国企上班的管颖智，就决定要加盟小米团队。2010 年，小米允许员工自己掏钱投资，每人封顶 30 万元人民币。当时公司一共 70 多人，总共投了

1400万元。管颖智也投了10万元，钱是从父母那里借来的，是父母留给她做嫁妆的。

管颖智说，虽然那时公司刚刚起步，但她很看好小米，觉得雷军团队不是普通的创业者，而是有理想有追求有事业心的一群人。小米要做一款性能好价格又便宜的手机，价廉物美，这是消费者对商品最极致的追求，从古至今都是这样。正因如此，管颖智认同雷军团队的创业理念，认同他们的事业格局，所以哪怕借钱也要投资小米。虽然管颖智没有透露她目前的资产，但有媒体报道，根据小米上市当日的股价推算，小米公司创始团队的股份至少上涨了800多倍，也就是说，管颖智当初投入的10万元，如今已变为8000多万元。

管颖智肯把父母为她攒下的10万元嫁妆钱投给小米，看中的正是雷军的格局。这正好也体现了股权激励的艺术性，因为它的本质是直指人心。

人的内心世界是最复杂的，也是最敏感的，没有任何一个公式能算出人的内心在想什么，也没有任何一种科学工具能真正控制人的内心。

决定人心走向的，很大程度上取决于公司领袖的人格魅力和格局。格局决定结局。有大格局的企业家，拥有大智慧。可以想象，拥有大格局的企业家，在实施股权激励时，也许他选择的激励工具不那么科学，也许他设计的方案不那么完善，但毋庸置疑，他的激励效果一定会非常出色。

第二节 财散人聚，与天下同利

宁高宁是中化集团董事长，中化集团是一家世界 500 强企业。

2010 年，宁高宁在为黄铁鹰的著作《海底捞你学不会》作序时，被书稿中的海底捞所打动，决定亲自去实地探访。在北京一个寒冷的冬日的傍晚，宁高宁和夫人来到海底捞排队候餐。

让他们震惊的是，海底捞的员工果然如书中描写的那样，他们乐观、主动，带着强烈的自豪感，他们笑着的眼神中传达出诚恳和欢迎你来的意思，走起来很快像小跑，想让你满意的意图很强。这一点与其他很多餐馆的员工是完全不一样的。

为什么海底捞的员工那么快乐？为什么他们能发出内心地服务客户？宁高宁认为，是海底捞独特的文化使然。这种独特的方法重新定义了员工与企业的关系、企业家与雇员的关系，当然也改变了企业与顾客的关系。

海底捞是怎样重新定义员工与企业的关系？答案就在"财散人聚"这四个字上。据媒体报道，海底捞的薪酬共由 8 个部分构成，除了常见的基本工资、级别工资、工龄工资、奖金外，一年以上的员工还可以享受公司利润分红，劳模员工享受荣誉津贴。另外，优秀员工还有配股，店长级别、区域经理还有父母补贴。

正是因为海底捞敢于散财于员工，擅于用各种办法激励员工，才让员工有了发自内心的笑容和无怨无悔的付出。而正是员工的卓越表现，才使得海底捞不断做大做强。

海底捞在香港上市后，在海底捞打工 17 年的服务员杨丽娟成了人生赢家，现年 39 岁的她拥有价值 30 亿港元的股份。

杨丽娟在 17 岁时就进海底捞当服务员，是海底捞最早的一批员工，工作中的杨丽娟干活麻利，吃苦耐劳还颇具管理才能，随着海底捞的不断扩张，她的能力也得到了施展，在海底捞工作 2 年后她就被提拔为四川海底捞经理，4 年后她以核心员工的身份拿出自己的 25 万元积蓄出资认购海底捞 0.2% 的股份，成为了董事。

老板张勇也十分慷慨，给有能力的员工开高工资还给核心的员工发股权，让他们的利益真正与海底捞挂钩，因此杨丽君的持股也达到了 3.68%。目前按照海底捞的市值 911 亿港元计算，杨丽娟身家近 30 亿港元，成为名副其实的女富豪。

高格局的企业家，一个最基本的素质是懂得"与天下同利"的道理。

"与天下同利"这句话出自《史记·高祖本纪》，讲的是刘邦与项羽楚汉相争的故事。无论出身、政治、军事，项羽都将刘邦碾压在身下，但事实上，刘邦成功实现了对项羽的逆袭，称霸为王，不能不说是一个奇迹。刘邦奇迹背后的密码，正是他能正确处理秦末社会各阶层的利益诉求，比如与士同利，与核心将士形成利益同盟，有利同享；再如与民同利，废除秦之酷苛法令，与民同享社会安宁祥和。总之，刘邦真正做到了"与天下同利"，而这让他得民心，最后众望所归。

企业也是如此。如果创始人把员工当作朋友、兄弟或是合作伙伴，不吝啬钱财，给员工同利，甚至是将未来能增值数十倍、数百倍的股权分给员工，员工自然也会像海底捞的员工一样尊重企业家，全身心扑在工作上，在帮企业家赚钱的同时，也实现个人的财富梦。

舍不舍得"与天下同利"，是衡量企业家成功与否的一个重要因素。

作为创始人，公司投入的财产全归创始人所有，这是天经地义的，也是受法律保护的。但是，如果一个创始人始终将财产看得过重，总是舍不得拿出一部分分给员工，总是担心员工拿多了自己的财产就少了，总是一副守财奴形象，那么就没有人愿意跟你玩了。人人都有同理心，你敬我一尺，我敬你一丈；你对我吝啬，也别指望我大方。如果创始人总担心员工拿得多了，那么员工自然也不会出十分的力。

舍得舍得，有舍才有得。创始人如果没有"舍"的气概，怎么能从员工身上"得"到更多的价值呢？股权激励就是一门财散人聚的艺术，企业家看似散了财，实则"散"是为了更好地"聚"，不仅聚人，还能聚更多的财。但若企业家不愿意散财或是散得不好，则有可能导致"人散"，进而导致"财空"。

第三节 平台思维，圆员工创业梦想

2017 年 9 月 11 日，雷神科技成功在新三板挂牌，引发媒体关注。

挂牌新三板的企业多如牛毛，为何雷神科技备受关注？原来，这家公司的实际控制人是海尔集团。雷神科技主营游戏笔记本、游戏台式机和游戏外部设备等产品的设计、研发和销售。

事实上，这家公司也是海尔集团实现内部创业孵化出来的一家新三板挂牌公司，创始人是 3 个"85 后"年轻人，他们都是海尔集团的员工。

2015 年，海尔集团鼓励员工内部创业，这 3 个"85 后"就开始琢磨雷神科技项目，并成立了公司。从开始有创业想法，到拿出第一款产品在京东预售，雷神科技只用了半年时间。第二年，销售额就超过了 2 亿元。到 2017 年，销售额突破了 10 亿元。

雷神科技以如此快的速度迅猛增长，对其他从零起步的硬件型创业公司来说，是难以做到的。因为硬件创业，原材料采购量太少，在零部件供应和代工厂那里都没有议价能力，创业公司无法取得成本和时间优势。而海尔本就是一家硬件公司，有笔记本电脑业务，相关资源向游戏本稍稍倾斜，就能让创业的孵化速度大大提升，生产周期大大缩短，所以才有了雷神科技如此快速的增长。

雷神科技的成功，是海尔平台化思维的成功。张瑞敏这样解读海尔的平台化思维：海尔的平台化就是两句话"企业即人，人即企业"。"企业即人"，指的是企业中的每个人都可以成为创业者，企业是创业平台，为创业者提供服务。"人即企业"，指的是每个人都能发挥自己的创造力，都能成为一个企业家。企业要由管控组织变成创业平台，员工由执行者变为创客。

在传统企业管理理念中，管理的主体是企业家，管理的客体是员工，管理的手段是各种管理方法，目的是控制员工。但如今在去中心化的互联网时代，管理理念已悄然发生了变化，以前公司的管理模式这样的：什么事情一定要跟公司汇报，由公司来决定员工怎么做；现在，公司跟员工的关系可以是投资平台和创业公司之间的关系。公司只是一个投资者，以投资者的角色，给员工赋能，员工发挥自己的才能拓展市场，在做大自己小创业公司的同时，也在做大公司。

这种平台化思维对股权激励也影响深远。股权激励的对象，即公司的核心骨干人员，通常他们都是非常优秀的人才，要么具备管理才能，要么有业务资源，要么是技术骨干，对于这些优秀人才，仅靠赠股、分红等激励方式难以留住他们的心。他们到公司上班，不仅仅是为了钱，更有可能是看中公司提供给他们的平台，因为平台越大，能获得的资源就越多，实现成功的可能性就越大。在这种情况下，部分员工特别是那些优秀员工会有自己创业当企业家的梦想，如果公司不能帮他们圆梦，那么就算公司拿出大手笔的激励方案，也有可能打动不了他们。

清华大学经管学院博士蔺雷在其著作《第四次创业浪潮》中，将自改革开放以来的中国创新创业划分为四次浪潮，第一次是 20 世纪 80 年代前后；第二次是 1992 年小平同志"南方谈话"之后；第三次是 2000 年之后的互联网创业；第四次是从 2012 年开始至今。他认为，当前正在进行的第四次创业与前三次相比，最大的不同是：前三次创业更多的是生存型创业，即创业者是为了改善自己及家人的生存和生活条件而选择了创业，但当前的第四次创业，则是自我实现型创业，更多的是为了实现自己的理想和价值。

事实上，当前的创业，不仅是创业的目的发生了变化，创业的资源整合环境也发生了巨变。前三次创业，创业者面临资源的匮乏，要么缺资金，要么缺人脉，要么缺渠道，甚至三者都缺，而只要能掌控其中一种资源，就有可能创业成功。如今，资源开始呈现过剩的特征，热钱涌动，四处寻求好的项目；渠道已细分为线上与线下，各式各样的终端已在争分夺秒抢夺消费者的心智；至于人脉，在互联网的世界里，想要找到志同道合的合伙人并不是件难事。在这样的背景下，创业的外部环境更加完善，创业者也面临更多选择，他们可以创立新公司，也可以去创业咖啡，还可以去各类孵化器。

总之，当今时代给创业者提供了前所未有的优越环境。对企业家而言，与其让优秀员工离开公司自主创业甚至成为自己的竞争对手，还不如放宽胸怀，给员工提供内部创业平台，让员工的创新动力在公司内部破土成芽，直至开花结果。而公司，也可以与员工一起共享创新成果。

第四节 文化引领，追寻诗与远方

2017 年，谷歌被《财富》杂志评为全球最受员工喜爱的公司，这已经是谷歌连续 6 年获此殊荣了。让员工爱上公司，谷歌的秘密是什么？

和很多创业公司一样，起初谷歌并没太在意企业文化的建设，而是成天专注于研发。有段时间，谷歌创始人拉里·佩奇发现，哪怕所有工程师都在争分夺秒地做研发，但效率并不高。他认为，作为一家注重创新的公司，如果没有足够的放松时间，并不利于激发工程师的创新灵感。很快，谷歌提出，员工可以利用 20% 的工作时间做自己工作以外的事情。

"20% 自由时间制"，看起来没太大创意，但事实上，谷歌地图、谷歌新闻等产品，都是在"20%"的自由时间里创造的。

这就是文化的魅力。谷歌允许工程师有 20% 的自由时间去做自己的私事，看起来有些"不务正业"，但实际上却大大解放了工程师的大脑，进而激发创新的灵感。

企业文化，这种看不见、摸不着的东西，听起来还非常虚。但就是这种有些"务虚"的文化，却是成就伟大企业一剂必不可少的良方。

在谈及华为时，任正非就毫不掩饰良好的文化对企业的正向引领作用。20 世纪 90 年代，炒股刚兴起时，华为公司楼下有家证券营业部，每天都被股民里三层外三层包围着，但华为的办公楼却很安静，都在工作，令一些参观者很是不解。最终，任正非的一句话解开了众人的疑惑："我们就是专注做一件事情，只对准一个'城墙口'冲锋。"

华为数十年形成的专注文化，在潜移默化中引领员工自觉寻找自己的"诗与远方"：不热衷于赚快钱，只追求工匠精神。

尽管在那个炒楼、炒股造就大富翁的时代，一心追求工匠精神，会被认为有点"傻"。但任正非认为，做企业就是要勇于"傻"，所谓"傻"，就是不把钱看成中心，而是把心中的理想当作中心，人只要有了理想，就能毫无畏惧、攻克困难。

文化是一种无形的力量，它对员工的影响也是无形的。一种向上的文化，可以引导员工努力向上；一种散漫的文化，也会让员工变得散漫。文化，可以使员工变得勤奋，也可以使员工变得懒散；可以让管理者的作风变得强硬，也可以让他们变得亲切友好；可以使公司上下追求长远发展，也可以让全体员工变得目光短浅……

股权激励的实施效果与公司文化有很大的关系。通俗地讲，公司文化就是在没有行政命令、也没有制度安排的情况下，公司默认的做事风格。如果一家公司的文化强调要做百年企业，突出人文关怀，鼓励创新，那么这家公司的员工同样会被这种文化与感染、所引领，在行动上就会自觉践行这种文化；如果一家公司的文化是吃请风当道，晋升靠关系，那么这家公司的员工也会染上不拼业绩拼关系的风气。

在这两种文化里实施股权激励，效果会有天壤之别。倡导正面的、积极向上的文化的公司，员工更容易理解公司的愿景、使命和核心价值观，也更容易认同公司的股权激励方案，并最终实现个人与公司的双赢。反之，在一个充满负面的、消极的文化的公司里，更容易出现不愿担当、相互推诿、不团结的现象，人心不齐，价值观不统一，股权激励的效果也可想而知。

文化是思想的先导，思想是行动的先导，有什么样的思想就有什么的行动。只有从思想上认同公司的发展理念，员工才有可能与企业同呼吸共命运，同舟共济，共同进步，共同发展。也只有这样，员工才有可能愿意留在公司并竭尽全力为公司服务，这样的激励才会有效果。

第五节 共享共荣，上下同欲者胜

销售额 17.90 亿元，净利润 1.14 亿元。这是"互联网第一快时尚品牌"韩都衣舍 2017 年的成绩单。

成立仅 10 年的韩都衣舍，凭什么能取得如此辉煌的业绩？答案就在于"小组制"。

传统的服装企业有三个核心部门，分别是研发部门、销售部门以及采购部门。一般是销售来主导，销售策略制定好了，采购部门负责采购原料，研发部门负责设计。

最初，韩都衣舍也按这种模式运作，但很快他们就发现了问题，如果业绩做好了，到底是哪个部门的功劳呢？如果做得不好，又该将板子打向哪个部门呢？

韩都衣舍开始改革，将员工分成若干个三人小组。三人小组中，一人是买手，一人负责设计，另一人则负责运营。这三人分工协作又相对统一，组成了命运共同体。

公司对小组进行考核，且将销售额与财权挂钩，即本月的资金额度是上月销售额的 70%。比如，一个小组上个月完成 100 万元的销售额，那么这个月他们就有 70 万元的可支配资金，这笔钱可以用来选样、设计和促销。如果这个月销量再创新高，那么下个月可支配资金会更充裕；但如果哪个月销售不好，那么下个月可支配的资金也会相应减少。这种机制，倒逼每个小组每个月都要做大销售额。

这种倒逼机制也传导至小组每个成员，因为他们明白，只有自己尽了最大努力，才可能做大团队的业绩，自己才能拿到更高的收入。

韩都衣舍创始人赵迎光这样解读"小组制"给韩都衣舍带来了变化：传统的企业是管理型企业，而我们是赋能型企业。管理，就好比一个正三角，高层要做正确的事，基层要把事情做正确。而赋能，好比一个倒三角，大部分决策由基层来做，高层或者底层的管理层主要提供整合资源式地服务。

赋能，正是互联网时代企业的生存法则。在去中心化的互联网社会里，企业与员工之间不再是管理与被管理的关系，而是相互依存的关系。相互依存，决定了不管是公司还是员工，都无法单枪匹马地应对竞争，只有相互帮扶，才能共同发展，个人命运与公司命运休戚相关，形成了命运共同体，一荣俱荣，一损俱损。

在这种背景下，要想使股权激励发挥最大效应，对公司和核心员工来说，双方既能享受共同做大"蛋糕"带来的分享利润的权利，同时都要尽到各自的义务。对双方都来说，权利和义务是平等的。也就是说，在命运共同体中，所有成员的利益是捆绑在一起的，只有心往一处想，劲往一处使，才有可能实现共赢。

但这一点，恰恰是很多公司和核心员工有待提升的地方。比如，有的企业家在给员工分股权的时候，总认为员工拿多了。实际上，这样的企业家没有真正理解命运共同体的关系。表面上看，股权激励是一个分"蛋糕"的过程，企业家将部分股权奖给激励对象，但实际上，股权激励是一个做大"蛋糕"再分"蛋糕"的过程。即员工拿到了事先承诺给他的奖励，但企业家并没有因此而受到损失，反而比以前分得更多，因为"蛋糕"做大了。

　　另一方面，这种命运共同体的关系对核心员工来说也是一种约束。有些员工自以为才华出众，在实施股权激励时，就向企业家提过分要求，要多分股权。本来，股权的多少双方可以协商，但有些员工在授予股权激励后，以为进入了保险箱，憧憬着一夜暴富。这种心态会导致他们不再安心工作，不再倒逼自己加强创新研发，摇身一变成为"懒人"。但要知道，股权激励不是发放福利，任何股权激励方案都是有考核的，只有达到了考核要求，公司发展了，自己的利益才有保障。

　　由此可见，命运共同体特别突出一个"共"字，共存共处、共同发展。正所谓共享共荣，上下同欲者胜。

第六节 不忘初心，矢志不渝砥砺前行

在经典商业著作《基业长青》一书中，作者吉姆·柯林斯将迪士尼称为伟大公司，"因为迪士尼给全世界带来了欢乐，不论是迪士尼出品的电影，还是分布在全球各地的迪士尼乐园，只要有迪士尼，就会有人们的笑声"。

迪士尼在全球拥有数以亿万计的粉丝，这些粉丝给迪士尼带来了可观的收入，但这种认识是肤浅的，或者说只看到了迪士尼的表面。实际上，迪士尼给人们带来的最大贡献是，它让人们学会了享受生活，学会了乐观的生活态度。

迪士尼创立于1923年。在最初的10年，迪士尼发展得并不顺利，甚至差点倒闭。但在1933年，迪士尼创作的喜剧动画片《三只小猪》大获成功，不仅被评为第6届奥斯卡金像奖最佳动画短片，还成了众多观众心中的经典，更一举树立了迪士尼在人们心中无可取代的地位。

《三只小猪》讲了三只小猪修房子的故事。老大和老二比较懒惰，修了茅草屋、木屋，给了狼捕食的机会；只有勤奋的老三，修了大砖房，成功抵御了狼的进攻。而且，在老三的帮助下，老大和老二也化险为夷。

为什么这么简单的故事能如此成功？因为那个年代，正值美国大萧条时期，为了生存，人们顶着巨大的生活压力，整天生活在苦闷中。《三只小猪》隐喻了懒惰和勤奋两种人的不同命运，让人们相信，只要勤奋，生活就会变得更美好。罗斯福总统甚至还借该片向美国人民加油鼓劲："无

所畏惧，除了畏惧本身。"

自公司成立以来，迪士尼便以"是向人们宣传希望、渴望和乐观坚定的决心"为使命，且在之后的数十年里一直坚守着这种初心，创造了一部又一部经典影片，塑造了一个又一个经典角色，在带给人们笑声的同时，传递出一种信念："我有梦想，我用信念检验梦想；我敢于冒险，我用愿景实现梦想。"

坚守初心，理解起来很容易，但要做到"知行合一"非常难。

大多数公司在创立之初，都要有一个宏伟的目标和最朴素的想法，宏伟的目标就是公司的愿景，即公司长期想发展成什么样子；最朴素的想法，则指的是公司在短期内要解决什么问题。比如，阿里巴巴的宏伟目标是"让天下没有难做的生意"，而当创立之初是为了解决供需双方信息不对称的"痛点"；小米的宏伟目标是为了"办一家世界一流的公司"，而它创立之初是为了给人们提供高性价比的智能手机。

随着业务的不断拓展，有些公司在竞争中脱颖而出，同时配以股权激励等辅助手段，公司不断做大做强，渐渐成为行业领跑者。但与此同时，也有少数企业家的心态发生了微妙变化。

有的企业家经受不住诱惑，开始背离当初创业的初心，要么忽视对产品质量的把控，不再有工匠精神，不再精益求精；要么放弃当初的梦想，转身到赚快钱的行业中；更有甚者，为了追求暴利，还从事违法犯罪的勾当。

背离了创业初心的企业家，丢掉了当初坚守的企业家精神，丧失了当初追求创新的勇气，注定是走不远的，甚至会使公司"越做越小"，最后只得关门倒闭。

美国斯坦福大学的两位教授柯斯林和波拉斯，历时 6 年，对 18 家基业长青的伟大公司进行深入研究后，总结出共通的规律：这些企业之所以能基业长青，一个很重要的原因在于，它们都不是以追求利润作为最高目标。在利润之上，他们有更高的追求，即更有意义的理想。如强生公司提出，"我们存在的目的是'要减轻病痛'"；默克公司提出"我们追求利润，但利润须来自有益人群的工作"；索尼公司则强调，"体验以科技进步、应用与创新造福大众带来的真正快乐"。

这种对利润之上的追求，稻盛和夫称之为"敬天爱人"。"敬天"，就是合乎天道；"爱人"，就是以仁慈之心对待众人。古今中外，那些被世人尊崇的伟大公司，无一不是在践行着"敬天爱人"的理念，以推动人类社会进步为最终奋斗目标。它们在造福人类的同时，也为公司带来了可观的利润。正如亚马逊集团董事会主席兼CEO杰夫·贝佐斯所说，企业即便获得了巨大的成功，也要保持"初心"，像初学者一样谦逊，愿意学习新事物，不断创新，挑战自我。

创业是一件异常艰苦的事儿。一个成功的企业，需要盈利，但更需知敬畏；一个成功的企业，需要理想和情怀，但更需要担当；一个成功的企业，需要创新和突破，但更需要坚守。

不要因为走得太远，而忘记为什么出发，不忘初心方得始终！

前海股权事务所 >>>

中力知识科技成员机构，**中国股权激励领先品牌**。帮助企业解决股权激励、股权架构布局、控制权设计、股份改制、股权并购重组与上市、股权价值管理等一揽子股权事务的股权运营专家。

前海股权事务所在股权激励领域研究和服务范围广泛，涵盖了股权激励与顶层设计、领导力、组织效能、合伙人机制、股东精神与企业文化、产业链整合、企业上市与法律法规等知识体系的融会贯通，深度解决企业股权激励根本性和系统性问题。

前海股权事务所注重科技创新，研发并推出了"股角兽"股权智能平台，通过软件、互联网、云计算、大数据方式，为企业提供股权激励与股权管理智能解决方案。

前海股权事务所积极关注社会公益，2014 年至 2018 年连续承办了 50 余场《基于顶层设计的股权激励》公益辅导班（4 天 3 晚），并定期发布《中国股权激励白皮书》和举办"中国股权激励高峰论坛"，引领行业发展。

深圳中力知识科技有限公司 >>>

创新驱动综合服务机构，聚焦管理创新、产业创新和科技创新服务，是集学术研究、培训咨询、会员服务、产融服务、商业智能服务、科技服务为一体的创新型智库和平台，为客户提供知识、资本、生态的高附加值服务。公司在北京、上海、广州、成都、无锡、南昌等地设有分支机构。